황제의 철학서

MEDITATIONS

MARCUS AURELIUS

황제의 철학서

마르쿠스 아우렐리우스 지음 | 노윤기 옮김

P page2

일러두기

※ 학자 Meric Casaubon은 1634년 최초로 『명상록』을 영문으로 번역했다. 이 책은 그 내용을 옮긴 것이다.

※ 역주는 본문에 괄호로 표기했다.

※ 영어, 고대 그리스어 등은 역자의 재량에 따라 선별하여 병기했다.

작품 소개

마르쿠스 아우렐리우스 안토니누스*Marcus Aurelius Antoninus*는 서기 121년 4월 26일에 태어났다. 본명은 마르쿠스 안니우스 베루스*Marcus Annius Verus*였으며, 로마의 두 번째 왕 누마 혈통으로 알려진 귀족 가문의 일원이었다. 가장 신실했던 황제의 가계를 거슬러 올라가면 가장 경건했던 초창기 왕과 마주하게 되는 셈이다.

아버지 안니우스 베루스는 로마 고위직을 역임했고, 동명의 할아버지는 집정관을 세 차례나 지냈다. 마르쿠스는 어린 나이에 여읜 부모를 좋은 기억으로 간직했다. 아버지 사후에는 집정관 직에 있던 할아버지 안니우스 베루스에게 입양되어 깊은 사랑을 배웠다. 마르쿠스는 자신의 책 첫 장에서 할아버지에 대한 감사의 마음을 전하며, 그에게서 온화함과 겸손함을 물려받았고 분노와 욕망을 다스리는 법을 배웠다고 밝혔다.

하드리아누스*Publius Aelius Hadrianus* 황제는 소년 마르쿠스의 훌륭한 성품을 알아보고 그를 베루스가 아닌 베리시무스*Verissimus*라고 불렀다. '이름보다 더 신실한 자'라는 뜻이었다. 황제는 마르쿠스가 여섯 살 때 그를 기사*equestrian* 계급으로 임명했고, 여덟 살 때는 살리 사제단*Salian priesthood*의 일원으로 삼았다.

마르쿠스의 고모인 대★ 파우스티나*Annia Galeria Faustina*는 이후 황제가 된 안토니누스 피우스와 결혼했다. 아들이 없던 황제 부부는 마르쿠스를 입양해서 오늘날 알려진 이름으로 개명하고, 자신의 딸 소小 파우스티나와 결혼하도록 했다. 그는 준비된 양질의 교육을 받았다. 가장 뛰어난 교사들이 고용됐는데, 스토아 철학의 엄격한 가르침은 그에게도 기쁨이었다. 그는 옷을 소박하게 입고 단순하게 생활했으며, 모든 안락과 사치를 멀리하도록 교육받았다. 그의 신체는 레슬링과 사냥, 운동으로 강하게 단련됐으며, 태생적으로 허약한 체질이었음에도 매우 사나운 멧돼지와 맞서는 용기를 보이기도 했다.

그 가운데서도 당대 유행한 모든 종류의 사치를 멀리하도록 배웠다. 당시 제국을 휩쓴 최고의 오락거리는 키르쿠스에서 개최된 전차 부대들의 경주였다. 기수들은 빨간색, 파란색, 초록색, 흰색 중 하나를 택해 달렸으며, 사람들은

세상 무엇도 억누를 수 없을 만큼 열광적인 응원을 보냈
다. 경주가 열릴 때마다 소동이 일었고 검은 거래가 성행했
다. 마르쿠스는 이 모든 소란에서 물러서 있었다.

서기 140년 마르쿠스는 집정관직에 올랐다. 5년 후 그
의 약혼은 결혼으로 결실을 맺었고, 2년 후 파우스티나는
딸을 낳았다. 이후에는 수순처럼 호민관직과 기타 제국의
영예들이 수여되었다.

서기 161년 안토니누스 피우스 황제가 세상을 떠나자,
마르쿠스는 루키우스 아우렐리우스 베루스*Lucius Aurelius
Verus*와 공동으로 제국의 황제를 이어받았다. 루키우스는
함께 입양된 양형제로, 개명하기 전의 이름은 루키우스 케
이오니우스 코모두스*Lucius Ceionius Commodus*였다. 두 사람은
제국의 공동 황제로 등극했으며, 루키우스는 마르쿠스의
후계자로 교육받았다.

마르쿠스가 황제에 오르자마자 사방에서 전쟁이 발발
했다. 파르티아의 볼로게세스 3세*Vologeses III*가 동쪽에서 오
래 계획한 반란을 실행하여 로마 군단을 전멸시키고 시리
아를 침공했다. 이를 진압하기 위해 급히 파견된 루키우
스는 책무를 망각한 채 전쟁을 부하들에게만 맡기고 술과

향락에 빠졌다. 얼마 뒤 마르쿠스는 북부 국경의 여러 강성 부족들이 규합해 일으킨, 더 심각한 반란으로 인해 본토를 위협받는 상황을 맞이해야 했다. 그 부족들은 마르코마니족*Marcomanni* 혹은 마르치맨*Marchmen*과 콰디족*Quadi*, 사르마티아인*Sarmatians*, 카티족*Catti*, 야지게스족*Jazyges* 등이 주를 이루었다.

심지어 로마 내부에서 전염병과 굶주림이 확산되기 시작했다. 전염병은 루키우스 군단이 동방에서 유입시킨 것이었고, 굶주림은 홍수로 막대한 양의 식량을 폐기해야 했기 때문이었다. 마르쿠스는 식량을 확보하고 긴급한 현안들을 해결하는 데 전력을 다한 뒤, 제국에 축적된 보석까지 팔아 자금 확보에 나서야 했다.

재임 기간 내내 이어진 전쟁에 두 황제는 결연히 나섰다. 그리고 전쟁 중에 루키우스가 사망했다. 전란의 세부 상황을 추적할 방법은 없지만 한 가지는 분명했다. 결과적으로 로마가 이방 부족들을 진압하고 제국의 안전을 확보한 합의를 이루는 데 성공했다는 것이다. 마르쿠스 자신이 총사령관이었으며, 승리는 그의 전술은 물론 좋은 부관들을 발탁한 그의 혜안 때문이기도 했다.

페르티낙스*Pertinax* 장군이 그 좋은 예일 것이다. 당시에 중요한 전투가 여럿 있었는데, 그중 하나는 천둥 군단

*Thundering Legion*의 전설로 지금도 회자되고 있다. 서기 174년 콰디족과의 전투에서 우세하던 적이 갑자기 몰아친 천둥과 폭풍에 놀라고 공포에 휩싸여 마침내 자멸해 버린 사건이 그것이다. 이 천둥과 폭풍은 기독교인이 포함된 군인들의 기도에 내려진 응답이었다고 후대에 전해졌고, 이로 인해 그 군단은 천둥 군단이라는 별칭을 얻게 됐다. 그런데 천둥 군단이라는 이름은 이전부터 거론되던 명칭이었기 때문에, 적어도 이야기의 일부는 사실이 아닐 수 있다. 하지만 이 폭풍 이야기는 로마의 안토니누스 기둥에 새겨진 전쟁 조각 중 하나로 남아 있다.

이러한 문제들이 해소된 후 이루어진 휴전은 동쪽에서 벌어진 예상치 못한 반란이 아니었다면 훨씬 만족스러웠을 것이다. 파르티아 전투에서 명성을 얻은 베테랑 장군 아비디우스 카시우스*Avidius Cassius*는 당시 동부 지방의 총독이었다. 복잡한 상황이 있었겠지만, 그는 건강이 좋지 않은 마르쿠스가 사망할 경우 자신이 후계자로 등극할 장치들을 마련하고 있었다. 그러던 중 황제가 사망했다는 헛소문을 듣고 계획을 이행하고자 했다.

이 소식을 들은 마르쿠스는 전선에서 즉시 평화 협정을 맺고 새롭게 불거진 위협을 해소하기 위해 귀국했다. 황제가 가장 슬퍼한 것은 참혹한 내전을 맞이하는 상황이었다. 그는 카시우스의 기백을 높이 평가하며, 자신이 카시우스를 용서하기 전에 카시우스가 해를 입지 않기를 진심으로 바랐다. 그러나 마르쿠스가 동부 전선에 도착하기 전에 황제가 살아 있다는 소식이 카시우스에게 전해졌다. 의기투합했던 지지자들을 잃은 그는 결국 암살당하고 말았다.

동부에 도착한 마르쿠스 앞에 카시우스의 머리가 전해졌지만 황제는 분노하며 그 전리품을 거부했으며, 암살의 공을 세운 장군들을 만나려 하지도 않았다. 이 여정에서 아내 파우스티나가 세상을 떠났다.

서기 176년, 귀국한 황제는 성대한 개선식을 거행했다. 하지만 얼마 후 다시 게르마니아로 이동해 전쟁에 뛰어들었다. 그곳에서의 군사 작전은 완전한 성공을 거두었지만, 여러 해에 걸친 고난의 행군은 원래 강하지 않은 그의 체력에 큰 부담이 되었다.

서기 180년 3월 17일, 그는 판노니아*Pannonia*(지금의 헝가리 인근)에서 삶을 마감했다.

훌륭한 황제도 가정 내 우환을 피할 수는 없었다. 파우스티나는 여러 자녀를 낳았고 그들 모두를 깊이 사랑했다. 자녀의 천진한 얼굴은 지금도 수많은 조각 갤러리에서 볼 수 있으며, 그 속에는 아버지 마르쿠스의 순수한 표정을 떠올리게 하는 얼굴도 있다. 그러나 자녀들은 하나둘 세상을 떠났고, 마르쿠스가 생을 마감할 때 곁을 지킨 이는 나약하고 우둔한 코모두스뿐이었다.

아버지의 자리를 물려받은 코모두스는 성급하고 어리석은 평화 협정을 남발하여 수많은 전쟁으로 쌓은 성과를 허물어 버렸다. 재임 기간 12년 동안 그가 잔인하고 피에 굶주린 폭군이라는 사실이 여실히 드러났다.

파우스티나에 대한 추문도 회자됐다. 그녀가 선왕에 불충했을 뿐 아니라, 카시우스와 음모를 꾸며 위험한 반란을 부추겼다는 소문이 그것이었다. 하지만 이러한 소문은 정확한 근거를 둔 것이 아니었다. 분명한 것은 황제가 그녀를 매우 사랑했고, 그녀에 대한 일말의 의심도 품지 않았다는 사실이다.

마르쿠스는 유능하고 성공적인 지휘관이었고, 신중하고 성실한 행정 책임자였다. 철학의 가르침에 심취했지만, 미리 재단한 이념으로 세상을 바꾸려 하지 않았다. 그는 선대의 가르침을 따르며 자신에게 주어진 책무를 성실히 수행하고자 했다. 그리고 이를 통해 제국의 부정부패를 없애고 싶어 했다. 물론 그가 내린 모든 판단이 옳은 것은 아니었다. 루키우스와 공동으로 황제직을 수행한 것은 위험천만한 개혁이었는데, 두 사람 중 한쪽이 스스로를 낮추지 않는 한 성공하기 어려운 일이기 때문이었다. 이 선례는 디오클레티아누스*Diocletianus* 시대에 로마제국을 동서로 분열시키는 원인이 되었다. 지나친 중앙집권적 행정도 많은 부작용을 낳았다.

하지만 그가 생각한 국가 권력은 정의를 구현하는 데 필요한 힘이었다. 그는 약자를 보호하고 노예의 처우를 개선하며 고아들에게 아버지의 역할을 제공하는 법제를 정비했다. 가난한 아이들을 양육하고 교육하기 위한 자선기금도 마련했다. 지방은 억압으로부터 보호받았고, 재난을 당한 도시나 지방에는 공적 자금이 지원됐다.

그가 남긴 커다란 오점이자 온당하게 설명하기 어려운 부분은 그가 기독교인들을 대한 방식이었다. 그의 통치 기간에 로마의 유스티누스*Justinus*(고대 철학을 두루 섭렵한 기독교 신학자)가 신앙을 지키다 순교했으며, 스미르나의 폴리카르포스*Polycarpus*(신학자이자 사도 요한의 제자)도 마찬가지였다. 당시 여러 지방에서 광신적 폭동이 발발했고 기독교 신도들이 죽음을 맞았다.

그가 자신의 재임기에 벌어진 잔혹한 행위에 대해 아무것도 몰랐다고 변명하는 것은 온당하지 못하다. 그것을 아는 것은 황제의 의무였고, 그럼에도 알지 못했다면 그는 자신의 책무를 온전히 수행하지 못한 것이다. 하지만 기독교인들에 대해 피력한 논조를 보건대, 그가 왜곡된 정보를 접했을 가능성도 배제할 수 없다. 희생자들이 공정한 재판을 받을 수 있도록 조치했다는 기록도 전무하다. 이 점에 있어서는 이전 황제 트라야누스가 그보다 나았다.

사유가 깊은 사람들에게 로마의 종교는 큰 위안이 되지 못했을 것이다. 그 내용을 살펴보건대, 대체로 유치하거나 허무맹랑한 이야기들이었고, 일화에 담긴 가르침들은 도덕률과도 관련이 없었다. 로마의 신들은 일종의 거래 관계로 인간들과 연결되어 있기 때문이었다. 인간이 특정 희생과 의식을 보이면 신들은 그 대가로 은총을 베풀었는데, 그러한 거래 방식은 옳고 그름과는 상관이 없었다. 이러한 상황에서 신실한 영혼을 추구하는 이들은 철학에 의존했고, 이는 그리스에서도 크게 다르지 않았다.

초기 로마제국에서는 스토아 철학과 에피쿠로스 철학이라는 두 경쟁 학파가 지식계를 양분하고 있었다. 두 학파가 표면적으로 내세운 이상은 매우 유사했다. 스토아 학파는 모든 감정을 가라앉히는 아파테이아*ἀπάθεια*를 지향했고, 에피쿠로스 학파는 모든 근심으로부터 자유로운 아타락시아*ἀταραξία*를 추구했다. 하지만 결과적으로 한쪽은 절제와 인내의 동의어가 됐고, 다른 쪽은 자유와 방종의 대명사가 됐다. 여기서는 에피쿠로스 철학을 다루지는 않겠지만, 스토아 학파의 역사와 교리를 간략히 살피는 것은 의미 있는 일이 될 것이다.

스토아 학파의 창시자 제논*Zeno of Citium*은 대략 기원전 350-250년 사이에 키프로스에서 태어난 것으로 알려졌다. 물론 출생 연도는 정확하지 않다. 키프로스는 오래전부터 동서양이 교류하던 장소였다. 그에게 페니키아 혈통이 이어졌을 가능성도 있지만, 페니키아 인들은 철학을 발전시킨 이들이 아니기 때문에 크게 의미 있는 사실은 아니다. 물론 그가 소아시아를 통해 극동 지역의 사상을 접했을 가능성도 충분히 있다. 그는 견유학파의 크라테스*Crates*를 스승으로 삼아 지혜를 얻었지만, 다른 철학 사상들을 배우는 일도 게을리하지 않았다. 오랜 수련 끝에 그는 아테네의 스토아*stoá*(벽과 기둥이 있는 공공 건축물)에서 자신의 학파를 융성시켰고, 이로 인해 추종자들은 이들 문파를 스토아 학파라고 부르기 시작했다.

제논 다음으로 스토아 학파에 영향을 미친 인물은 크리시포스*Chrysippus*(기원전 280-207)로, 그는 스토아 철학을 체계적으로 정리했다. 이 인물에 대해 사람들은 다음과 같이 말했다.

"크리시포스가 없었다면 스토아 학파도 없었을 것이다."

스토아 학파는 진리에 이르는 수단으로 사유를 상정했으며, 이를 위해 제논이 설파한 일관된 모습의 삶 ὁμολογουμένως ζῆν 혹은 나중에 정착된 개념인 자연에 따르는 삶ὁμολογουμένως τῇ φύσει ζῆν을 강조했다. 자연에 따르는 삶이야말로 스토아 철학이 주장한 선Virtue의 이념이었다. 이 말은 자연스러운 본성에 따르는 것이 선이라는 의미로 해석되기도 하지만, 이는 스토아 학파의 가르침과 다르다. 그들은 자연에 따라 살기 위해서는 자연이 무엇인지 알아야 한다고 주장하며, 이를 위해 철학을 세 층위로 구분했다. 물리학Physics은 우주와 우주의 법칙, 신의 통치와 목적 등을 다루고, 논리학Logic은 참과 거짓을 구분하는 정신을 훈련하며, 윤리학Ethics은 이를 통해 도출되고 검증된 지식을 현실에 적용하는 일이다.

스토아 학파의 형식적 체계는 범신론汎神論이 가미된 유물론唯物論이었다. 플라톤이 현상계에는 이데아Idea 혹은 원형Prototype만 존재한다고 주장했다면, 스토아 학파는 물질적 대상만이 존재한다고 보았다. 그리고 그 물질이라는 우주 안에는 영적 힘이 내재해 있으며, 그 힘은 불, 에테르, 정신, 영혼, 이성, 지배 원리 등의 다양한 형태로 나타나 물질을 운행한다고 여겼다.

　우주는 곧 신이고, 대중이 믿는 신들은 그 신의 현현이다. 전설과 신화는 비유적인 이야기의 조각들이다. 인간의 영혼은 신성함에서 발산된 것으로, 결국에는 다시 신성함으로 돌아간다. 신성한 세계의 원리는 모든 것이 더해져 전체 선을 위해 작용하는 것이다. 인간의 최고선은 각자의 의식을 통해 공동선을 창출하는 데 목적이 있다. 스토아 학파가 자연에 따른 삶을 추구한 이유가 이것이다. 우리 모두는 오직 선을 통해 이를 달성할 수 있다. 신의 섭리가 우주를 다스리듯, 영혼의 선은 인간을 다스린다.

　논리학의 관점에서 보면, 스토아 학파의 체계는 진리를 판단하는 척도_Criterion_가 된다는 점에서 의미가 있다. 그들은 갓 태어난 영혼을 글 쓸 준비가 된 백지에 비유한다. 인간의 감각은 그 백지에 자신의 감정_φαντασίαι_을 표현하고, 경험을 축적한 영혼은 무의식 가운데서 일반적인 개념_κοιναὶ ἔννοιαι_이나 예견_προλήψεις_을 형성한다. 이때의 감정이 저항할 수 없을 만큼 강력할 때 그것은 진리가 가져온 감정_καταληπτικὴ φαντασία_으로 설명된다. 연역 추론 등 인위적으로

산출된 생각이나 논리도 이 '확고한 인식'으로 확정된다.

윤리적인 측면에서의 적용에 대해서는 앞에서 언급했다. 최고선_highest good_은 덕_virtue_이 있는 삶이다. 덕은 행복이고 악덕은 불행이다. 스토아 학파는 이 이론을 극단적으로 밀고 나가, 덕과 악덕 사이에는 중간 단계가 없다고 주장했다. 물론 덕과 악덕은 수많은 형태로 발현된다. 심지어 그들은 덕 외에는 선이 없고 악덕 외에는 악이 없다고 주장했다. 예를 들어 건강과 질병, 부유함과 가난함, 쾌락과 고통 같은 것들은 스토아 학파에게는 그저 우연한 일_ἀδιάφορα_이다. 모든 것은 오로지 덕이 작용하는 영역일 뿐이기 때문이다.

정말로 지혜로운 사람은 모든 것에 자족하는_αὐταρκής_ 사람이다. 그러한 사람은 이 진리를 알기에 신체에 고통이 가해져도 행복할 수 있다. 어떤 스토아 철학자도 자신이 그처럼 지혜로운 사람이라고 주장하지는 않겠지만, 기독교인이 그리스도를 본받고자 노력하는 것처럼 그들도 일정한 목표를 품고 있다. 그런데 그러한 주장이 지나치게 과격했고, 후대의 스토아 철학자들은 우연한 일들을 더 세분화하여 바람직한_προηγμένα_ 것과 바람직하지 않은_ἀποπροηγμένα_ 것으로 나누었다. 또한 온전한 지혜에 이르지 못한 사람들에게는 과도기 정도의 행동도 적절하다고_καθήκοντα_ 보았다.

그러한 행동은 덕도 아니고 악덕도 아니며, 우연한 일처럼 단지 중간에 위치하고 있다고 여겨졌다.

스토아의 철학 체계에서 두 가지 의미 있는 지점을 생각해 보자. 첫째, 세상에는 인간의 힘으로 할 수 있는 일과 할 수 없는 일이 있다는 것을 인정한 점이다. 욕망과 혐오, 의견, 애정 등은 우리 의지로 통제할 수 있지만, 건강과 명예, 부 같은 것들은 우리 의지로 통제할 수 없다. 스토아 철학자들은 자신의 욕망과 욕구를 통제하고, 생각과 주장을 다스리며, 도덕과 섭리 아래 살아갈 것을 강조했다. 그것은 마치 우주가 신의 원리에 의해 인도되고 다스려지는 모습과 같다. 이것이야말로 그리스인들이 중시하던 절제 σωφροσύνη라는 미덕의 전형이다. 우리는 기독교 윤리에서도 이와 유사한 개념을 찾을 수 있다.

둘째, 우주에는 만물을 통합하는 강력한 질서가 있고, 그 질서의 일부인 인간에게는 따라야 할 의무가 있다고 주장한 점이다. 고대 세계에서 공공의 정신은 가장 훌륭한 정치적 미덕이었고, 그 미덕은 세계로 확산되어야 했다. 한편, 기독교의 현자들이 같은 주장을 펼친 사실도 주목할 만하다. 기독교인들은 그리스인과 히브리인을 차별하지 않는다. 그들은 노예와 자유인을 구분하지 않았으며 전 세계적인 형제애를 설파했다. 또한 인간이 하느님과 함께하는 동료로 존재해야 한다고 주장했다.

이것이 『명상록』의 토대가 되는 철학 체계다. 이 책을 올바르게 이해하기 위해 약간의 배경지식은 필요하지만, 우리가 가장 큰 흥미를 느끼는 지점은 다른 곳이다. 우리는 마르쿠스 아우렐리우스를 읽으며 스토아 철학에 관한 학술적인 내용을 기대하지 않는다. 그는 학생들을 위한 교리를 정립하는 학파의 수장이 아니었으며, 자신이 쓴 글을 대중 다수가 읽을 것이라고도 생각하지 않았다. 그의 철학은 지적인 탐구라기보다 종교적인 마음 자세에 더 가깝다. 제논이나 크리시포스의 타협 모르던 집념은 그의 관점을 거치면서 경건하고도 포용적이며 온화하고도 정직한 본성의 부드러운 지혜로 변모해 갔다.

스토아 철학자의 삶을 구성한 엄정한 체념은 스스로에 대해 일종의 열망의 마음가짐을 부여했다. 그가 남긴 책은 마음의 가장 깊은 곳에 있는 생각들을 기록한 것이다. 그것은 자신의 마음을 편안히 하기 위한 것이었지만, 주어진 의무와 분주한 책무들 가운데 마주하는 수많은 번민을 견디게 해 줄 도덕적 격언과 성찰을 담고 있기도 하다.

아우렐리우스의 『명상록』은 또 다른 명저, 토마스 아 켐피스*Thomas à Kempis*의 『그리스도를 본받아*Imitation of Christ*』와 비교해 볼 수 있다. 두 책 모두 절제*self-control*라는 동일한 이상을 지향한다. 『그리스도를 본받아』에는 다음과 같은 구절이 있다. "우리는 자신을 이겨 내야 하며, 자신보다 강해지는 것을 매일의 목표로 삼아야 한다." "욕망을 이겨 내는 곳에 진정한 마음의 평화가 깃든다." "욕망을 다스려 마음의 평온을 찾고자 한다면 욕망의 뿌리를 끊어 내야 한다." 이를 실천하기 위해서는 끊임없는 자기 성찰에 정진해야 할 터였다. "언제나 자신을 돌아볼 수는 없겠지만 때때로, 적어도 하루에 한 번, 아침이나 저녁에 스스로를 돌아보라. 아침에는 마음을 계획하고, 저녁에는 그날의 말과 행동과 생각을 되돌아보라."

그러나 로마인들이 무심하고 자기 주도적인 데 비해 기독교인들은 겸손하고 온유할 뿐 아니라 하느님의 현현과 개인적 체험을 중시하는, 다소 수동적인 신앙을 지녔다. 로마인들도 자신의 잘못을 엄정하게 고백하지만 기독교인들처럼 자신을 죄인으로 여기지는 않는다. 기독교인도 로마인처럼 '눈에 보이는 것에 마음을 빼앗기지 말라.' 하고 권고한다. 하지만 그들이 중시하는 것은 책무에 바쁜 삶보다는, 세속적인 것을 경멸하고 저급한 쾌락을 끊어 내는 일이다.

사람들의 칭찬이나 비난이 실제적인 가치가 없다고 주장하는 것은 양쪽이 마찬가지다. 기독교인들도 '너의 평안을 다른 사람의 입에 두지 말라.' 하고 주장한다. 하지만 기독교인들은 하느님의 심판에 호소하고, 로마인들은 자신의 영혼에 몰두한다. 불의나 무례함 등의 사소한 문제에 대해서는 양쪽 모두 관대함으로 바라본다. "왜 사소한 말과 행동으로 근심에 빠지는가? 그것은 새로운 일이 아니며 처음 있는 일도 아니다. 그대가 오래 산다면 이것이 마지막일 수도 없다. 기꺼이 받아들일 수 없다면 그저 참고 견디는 것이 최선이다."

기독교인들은 자신이 당한 부당함보다 타인이 가진 악의를 더 애통해 하지만, 로마인들은 잘못을 저지른 사람과의 관계를 끊는 경향이 있다. 기독교인들은 "타인의 잘못과 모든 연약함을 참고 인내하려고 노력하라."라고 말하지만, 로마인들은 결코 "모든 사람이 완전하다면 우리가 타인의 무엇을 인내하여 하느님을 기쁘게 할까?"라는 말을 하지 않는다. 고통 그 자체의 덕이라는 개념은 『명상록』에 담길 수 없다.

양쪽 모두 인간이 거대한 공동체의 일부라는 점을 인식한다. 기독교인들도 "누구도 스스로 충분하지 않으니, 함께 인내하고 함께 돕고 함께 위로해야 한다.” 하고 말한다. 그런데 기독교인들이 뜨거운 신앙을 칭송하고 미지근한 태도를 비판하는 데 비해, 로마인들은 주어진 책무를 수행하는 일에 집중하며, 그 가운데 느끼는 감정은 중시하지 않는다. 성자와 황제 모두 세상을 본질적으로 하찮은 것으로 여긴다. 기독교인들은 “진실로 이 땅에 사는 것은 고통이다.”라고 말하며, 인간의 덧없고 고통스러운 삶은 그림자처럼 일순간 사라진다고 인식한다.

그런데 우리가 참고한 두 책 사이에는 한 가지 커다란 차이가 있다. 『그리스도를 본받아』가 다른 사람을 염두에 두고 쓰인 책이라면, 『명상록』은 필자가 자기 자신을 향해 쓴 책이다. 전자에는 저자의 개인적인 삶이 전혀 묘사돼 있지 않으며, 독자들은 저자가 자신의 생각을 실천했을 것이라고 추정할 뿐이다. 반면에 후자에는 글쓴이의 마음이 섬세하게 기술돼 있다. 그 가운데 나타난 친근함과 솔직함이 큰 매력으로 나타난다.

『명상록』은 가르침을 위한 글이 아니며, 타인을 향한 고백 또한 아니다. 고백록에는 언제나 자의식이 수반되며, 아무리 훌륭한 사람의 것이라도 그러한 성찰에는 오만하거나 자의적인 논조가 드러나곤 한다. 성 아우구스티누스

*Augustinus*조차도 그런 위험을 벗어나지 못했으며, 존 번연 *John Bunyan*(『천로역정』을 쓴 영국의 작가) 역시 사소한 잘못을 거대한 죄로 과장한 경우가 있었다.

하지만 마르쿠스 아우렐리우스는 오만하지도 않고 자의적이지도 않다. 그는 아무것도 변명하지 않고, 어떤 것에도 악의를 담지 않는다. 그는 결코 독자를 의식한 형식을 보이지 않으며, 깊이 파고드는 사색도 언제나 진실하다. 그리고 드러나는 것은 고상하고 평온한 영혼이다. 평범한 악덕은 그에게 유혹조차 되지 않는다. 그는 풀어내려 애써야 하는 사슬에 묶인 사람이 아니다. 그가 자신에게서 발견하는 모순은 대개의 사람들이 알아차리지조차 못할 것이다. 그에 따르면 우리가 자신에게 내재된 신성한 영혼에 부합하기 위해서는 "모든 성급한 열정과 과격한 애정과 무모한 허영을 버리고, 사람과 신들에 대한 불만으로부터 스스로를 깨끗하게 지켜야 한다."

또한 우리는 "쾌락을 탐하지 않고 고통에 굴하지 않는" 마음에 이르러야 한다. 그리고 변함없는 예의와 관용을 추구해야 한다. "누가 무엇을 말하거나 행하든지, 그대는 선을 실천해야 한다.""누군가 잘못을 저지르는가? 그는 자기 자신에게 잘못을 저지르는 것이다. 그것이 왜 그대를 괴롭게 하는가?" 잘못을 저지른 사람에게 향해야 할 감정은 분노가 아니라 연민이다. 반드시 교정되어야 할 이들은 지혜와 친절함으로 대해야 하며, 이를 통해 그대 자신이 더 나은 것을 배워야 한다. "가장 좋은 복수는 그들과 같은 사람이 되지 않는 것이다."

그의 글에는 스스로 용서를 베푼 여러 암시들이 나타나는데, 실제 사건을 겪은 이후에 그에 대한 감정을 기록한 것이라 추측된다. 그는 아마도 자신이 목표한 마음에 이르지 못했을 때 이러한 원칙들을 되새기고 자신의 내면을 추스르고자 했을 것이다. 그의 기록이 단순한 넋두리가 아니라는 사실은 황제의 자리를 찬탈하려 했던 아비디우스 카시우스의 사례에서 분명히 드러난다. 요컨대 그는 선으로 악을 이겨 내야 한다는 자신의 원칙을 충실히 이행한다. 그리고 자연은 우리에게 타인의 잘못에 맞설 덕을 주었다고 말한다. "예를 들어, 우리는 무례한 사람에게 맞설 선함과 온유함을 해독제로 부여받았다."

자신을 배신한 자에게 온화했던 사람이라면 누구든 그와 좋은 친구가 됐을 것이다. 실제로 그의 글에는 자신을 도운 이들에 대한 애정과 감사가 가득 담겨 있다. 제1권에서 그는 가족과 스승들에게 받은 은혜를 모두 기록했다. 할아버지에게서 온화한 성품을 물려받았고, 아버지에게서 부끄러움과 용기를 배웠다고 썼다. 어머니에게는 신앙심과 온화함과 변치 않는 마음을 배웠다고 했다. 루스티쿠스 *Rusticus*(고대 로마의 정치인, 교사)가 그의 삶에 발전의 여지를 보여 주었다면 그것만으로도 유익한 일이었다고 고백하는가 하면, 아폴로니우스 *Apollonius*(고대 그리스 수학자)는 그에게 소박함과 이성理性과, 감사함, 그리고 진정한 자유에 대한 사랑을 가르쳤다고 칭송했다. 이러한 내용은 길게 이어진다. 그는 자신과 함께했던 모든 사람이 자신에게 무엇이든 좋은 것을 주었다고 생각했는데, 이러한 모습은 악한 생각을 하지 않는 그의 선한 본성을 그대로 보여 준다.

만일 그의 마음이 기독교의 이상인 정직하고 진실한 모습이었다면, 기독교를 강하게 만든 믿음이 그에게 없었다는 사실은 놀라운 일이다. 그는 이렇게 말하고 싶었을지도 모른다. "신이 존재한다면 모든 일이 형통할 것이다. 설령 세상일이 우연과 행운에 좌우된다고 해도, 주어진 일에 자신의 지혜를 사용할 수 있다면 그것은 좋은 일이다." 그는 또한 이렇게 말했을 수도 있다. "우리는 필연적으로 우주를 다스리는 원리가 존재한다는 사실을 인정해야 한다."
하지만 그 거대한 원리 속에서 인간이 관여할 수 있는 부분은 미미하다고 생각했기 때문에, 평온한 영혼이 얻을

26

수 있는 행복 이상은 기대하지 않았다. "오, 내 영혼이여. 나는 언젠가 그대가 더 선하고, 더 소박하고, 그대를 둘러싼 이 몸보다 더 자유롭고 투명하게 드러날 날이 도래할 것을 믿노라." 이 말은 육체의 속박을 벗어날 날을 열망한 것이 아니라, 그가 꿈꾸는 인간 삶의 평온과 자족을 이야기한 것이다. 물론 그도 부와 명예 등 '세상의 많은 것들은 헛되고 헛되다.'라고 생각했다. 신이 한 개인에게 특별한 관심을 가질 수도 있겠지만, 사실상 신의 특별한 관심은 우주 전체를 향한다고 보아야 한다. 그리고 인간은 이 사실을 받아들여야 한다.

그의 신은 모든 인간사에 대해 관심도 걱정도 없는 스토아 철학의 신들보다 낫지만, 그럼에도 그는 신을 사적인 욕망과 결부시키지 않았다. 자주 언급하지는 않았지만, 그는 죽음을 자연적인 존재의 종말로 생각하지 않았다. 그는 자신의 영혼이 언젠가 우주의 영혼에 흡수될 것으로 굳게 믿었다. 존재하지 않는 것은 존재를 생성할 수 없으며, 존재하는 것은 존재하지 않는 것으로 소멸될 수 없다고 생각했기 때문이었다.

그의 마음 상태를 표현한다면 열정적이지만 지친 상태였다. 그는 좋은 군인으로서 자신의 임무를 다했지만, 퇴각을 알리는 나팔 소리를 기다리고 있는 모양새였다. 그에게는 소크라테스가 가졌던 이상 세계에 대한 확신이 없었다. 소크라테스는 그 확신으로 인해 누구 못지않은 고귀한 삶을 살았고, 자신이 숭배했던 신들과 존경했던 이들을 만날 희망으로서 죽음을 받아들일 수 있었다.

마르쿠스 아우렐리우스는 자신의 영혼이 자연에 흡수되어 자아라는 의식을 잃게 되리라는 것을 지식으로 알고 있었다. 하지만 그러한 믿음을 마음으로 충분히 받아들이지 못한 순간이 있었다. 그때 그는 덜 공허하고 덜 헛된 무엇인가를 본능적으로 찾아 헤맸다. 그는 이렇게 말했다. "나는 배에 올랐고, 바다를 떠돌았으며, 마침내 육지에 도착했다. 만일 또 다른 삶으로 나아가게 된다면, 나는 그곳에서도 도처에 존재하는 신들을 만날 것이다." 이 문장에 대해서는 해석의 여지가 많다. 세속적인 것들이 '단지 꿈과 같은 것이라면, 진정한 현실에서 깨어날 가능성을 염두에 두었을 것'이라는 추측도 가능하다.

죽음을 변화를 위한 필연으로 생각하고, 변화 없이는 유익하고 이로운 것이 생겨날 수 없다고 했을 때, 그는 죽지 않으면 싹을 틔울 수 없는 밀알의 운명을 생각했던 것일까? 자연의 죽음 속에서 새로운 창조가 나타나는 놀라운 현상은 분명 물질적인 것에만 국한되지는 않을 것이다.

그의 독백 가운데 많은 부분은 사도 바울의 메아리처럼 들린다. 그리고 가장 종교적인 황제가 기독교인들에 대해 긍정적으로 이야기한 적이 없다는 사실은 낯설게 보인다. 그에게 있어서 기독교인들은 단지 '열정적으로 과격한 반대를 일삼는 분리파들'일 뿐이었다.

이 『명상록』이 철학적으로 심오한 지점을 다루고 있지는 않지만, 마르쿠스 아우렐리우스의 지극히 진실한 고백은 자신의 경험을 통해 삶의 본질을 통찰하고 있다. 고대의 종교들은 대부분 외적인 의례에만 관심을 가졌다. 필요한 상황에 제례를 올려 신들을 달래면 된다고 생각했으며, 그 제례마저도 형식적이었고 많은 경우 올바른 감정이나 도덕률을 수반하지도 못했다. 신들이 정의의 편에 서 있다고 해도, 사람들의 행위에만 관심이 있을 뿐 속마음까지 들여다본다고는 생각하지 않았다.

그러나 마르쿠스 아우렐리우스는 사람의 행동은 내면에 채워진 마음으로부터 비롯된다고 믿었다. 그는 이렇게 말한다. "그대가 평소 담고 있는 생각과 마음은 시간이 흐를수록 그대 자신이 된다." 이 책의 모든 구절들은 행위라는 것은 생각에서 비롯된다는 통찰을 드러내 보여 준다. 영혼도 올바른 방법으로 훈육되어야 한다. 위급한 상황이 되어 갑자기 준비되는 영혼이란 존재할 수 없기 때문이다.

그는 행복의 진정한 본질을 이해하고 있었다. "만일 행복이 쾌락 속에 놓여 있다면, 어떻게 악명 높은 도둑과 비겁하고 혐오스러운 모리배와 부모를 죽인 패륜아와 수많은 폭군들이 그토록 많은 쾌락을 얻을 수 있었겠는가?" 세상의 모든 쾌락을 손에 넣을 수 있었던 황제는 이렇게 기록했다. "행복한 삶을 만드는 것은 선한 영혼과 선한 욕망과 선한 행위이다."

운명의 아이러니라고 말할 수밖에 없다. 소박한 기쁨과 단순한 일상을 원했던 그토록 선하고 온화한 인물이 로마 제국의 지도자가 되었을 때, 동서 국경에서는 커다란 위협이 다가오고 있었다. 그는 여러 해 동안 직접 군대를 지휘했다.

과디족과 대치하던 전장에서 그는 『명상록』의 첫 부분을 집필하기 시작했다. 화살이 날아드는 위험천만한 주둔지에서도 그는 자신의 내면으로 침잠할 수 있었다. 그는 자신이 경멸했던 부귀영화의 한가운데에 있었다. 사람들에게 야망이고 꿈인 것들이 그에게는 엄중한 의무감으로 해내야 하는 지루한 의무였다. 그리고 그는 자신의 책무를 잘 수행했다. 그가 치른 전쟁은 쉽게 끝나지 않았고 매우 고됐지만 성공적이었다. 전략가로서의 안목이 탁월했던 그는 북쪽에서 발흥한 이민족들이 로마에 미칠 위험을 예견하고 대응책을 마련했다. 이러한 조치들로 인해 로마제국은 200년 동안의 휴전기를 마련할 수 있었다. 그가 만일 엘베*Elbe* 강까지 국경을 확장하려는 계획을 실행했더라면, 더 많은 국가적 업적을 남겼을 수도 있었을 것이다. 하지만 죽음이 그의 계획을 중단시켰다.

마르쿠스 아우렐리우스는 한 사람의 마음이 주어진 상황을 훌쩍 뛰어넘어 어떤 모습에까지 이를 수 있는지를 보여 준 매우 드문 인물이었다. 그는 최대치의 평화를 열망한 전사였고, 가정에서의 고요한 행복을 꿈꿨던 위대한 황제였고, 무명에 속하기를 바랐으나 역사에 기록된 위대한 인물이었고, 어린 나이에 죽거나 세상의 미움을 받은 자녀를 사랑으로 양육한 아버지였다. 요컨대 그의 삶은 거대한 모순이었다. 그는 완벽한 삶을 마무리하듯, 적과 대치하던 군영에서 생을 마감하고 자신의 원래 자리로 돌아갔다.

차례

작품 소개 • 6

제1권

"이성이 자신과 어울리지 않는
욕망과 충동에 의해 끌려다니도록 두지 마라.
더 이상 현재를 불평하지 말고,
운명이 네게 맡긴 미래를
두려워하지도, 피하려 하지도 마라."

1.

할아버지 베루스에게서 나는 따뜻하고 온화한 마음을 배웠고, 분노와 욕망을 다스리는 법을 배웠다. 아버지가 지킨 명예와 그 기억을 통해 겸손함과 용맹함을 알았다. 어머니에게서 신을 공경하고 사람에게 베푸는 법을 배웠으며, 잘못된 일은 행해서도 생각해서도 안 된다는 것을 배웠다. 소박한 식사에 만족하고 재물이 초래하는 불필요한 과실을 멀리하는 법 또한 배웠다. 증조부께서는 공공 학교와 강연장도 권하셨지만, 훌륭하고 유능한 스승을 집으로 모셔 공부하도록 하셨다. 큰 비용이 지출되더라도 크게 신경 쓰지 말라고 하셨다.

2.

　양육에 힘쓴 분들 덕분에 나는 경주에서 녹색 제복 프라시니*Prasini*나 청색 제복 베네트*Veneti* 중에 어느 한쪽을 편들지 않았다. 검투 경기에서도 둥근 방패나 긴 방패 중에 한쪽 편을 들지 않게 되었다. 또한 힘든 일을 견디고, 많은 것을 소유하지 않고, 내 일을 스스로 하고, 남의 일에 관여하지 않고, 중상모략에 귀 기울이지 않게 되었다.

3.

　디오그네토스*Diognetus*에게서 나는 불필요한 일에 관여하지 않는 법을 배웠고, 기적을 행한다거나 마법을 부린다는 이들은 물론 사기꾼들의 협잡에도 현혹되지 않는 사람이 되었다. 메추라기를 길러 싸움을 붙이는 종류의 일에 열광하지도 않게 되었다. 타인의 자유로운 주장을 불편히 여기지 않고, 무엇보다도 철학에 관심을 가지게 됐다. 바케이오스*Bacchius*를 접한 이후 탄다시스*Tandasis*와 마르키아누스*Marcianus*의 말에도 귀를 기울이게 하신 것에 감사한다. 어려서부터 대화편을 기록한 일과, 철학자들의 작은 침대나 가죽 이불 등을 사용한 일, 그리스 철학자들이 애용했을 물건들을 좋아하게 된 것도 그분들 덕분이다.

4.

루스티쿠스는 감사하게도 내 삶에 반성과 치유가 필요하다는 사실을 깨닫게 하셨다. 내가 궤변가들처럼 허상을 좇지 않게 된 것도 그 덕분이다. 이를테면 나는 진부한 주제로 글을 쓰지 않게 되었고, 대중을 훈계하거나 철학을 강권하지 않게 되었다. 또한 어떤 신체 운동을 할 때도 강인한 사람으로 보이고자 허세를 부리지 않게 되었다. 수사학과 시詩와 현혹적인 대화법을 공부하지 않게 된 것과, 복장을 갖춰 입고 집안을 거닐지 않게 된 것도 마찬가지다. 나는 그분에게 과장 없는 단순한 문체로 편지 쓰는 법을 배웠다. 그가 시누에사에서 내 어머니에게 쓴 편지처럼 말이다. 나를 모욕한 사람이라고 할지라도 화해를 청한다면 마음을 풀고 기꺼이 포용하는 법을 배웠다. 책을 정독하고, 가볍고 피상적인 지식에 만족하지 않으며, 일반론에 쉽게 수긍하지 않는 법을 배웠다. 에픽테토스*Epictetus*의 어록을 접하게 된 것에 대해서 그에게 감사한다. 그는 자신의 책을 나에게 직접 전해 주기도 하셨다.

5.

아폴로니우스에게서 나는 진정한 자유와 굴하지 않는 결의를 배웠으며, 작은 일이라도 올바르고 합리적인 것이 아니라면 마음에 두지 않는 법을 배웠다. 또한 가장 극심한 고통에서도, 자식을 잃은 슬픔 속에서도, 오랜 시간 병마와 싸울 때도 결코 동요하지 않는 한결같은 사람이 되는 법을 배웠다. 그는 완고하면서도 관대한 사람의 살아 있는 본보기였다. 그는 학생들이 강론과 설명을 이해하지 못해도 화를 내거나 짜증 내지 않는 사람이었다. 또한 스토아 철학의 보편 원리와 이론을 가르치는 탁월한 분이었음에도 자신의 지식을 과시하지 않는 진정한 스승이었다. 그에게서 나는 지인의 호의와 일반적으로 친절로 여겨지는 일들에 반응하는 법을 배웠다. 그래서 그들을 불쾌하게 하지 않으면서도 마땅히 해야 할 바를 넘어서지 않고, 그러면서도 무심하거나 배은망덕한 사람이 되지 않는 법을 배웠다.

40

6.

섹스토스*Sextus*에게서 나는 온화함을 배웠고, 부성애가 가득한 가정의 모범을 보았으며, 자연과 조화롭게 살아가는 삶의 지향을 목격했다. 꾸밈없이 진지할 것과, 벗들의 다양한 개성을 살필 것과, 무지한 이들에게 화내지 말 것과, 대중의 의견은 물론 철학자들의 주장을 추종하는 이들을 무리하게 비난하지 말 것을 배웠다. 그의 대화는 타인과 공동체와 화합하는 방법을 보여 주는 좋은 본보기였다. 그와의 만남은 어떤 칭찬과 아첨보다 달콤하고 즐거웠다. 그러면서도 존경과 경외감이 느껴졌다. 그는 인생에 필요한 것을 합리적이고 체계적으로 찾아내어 배치하는 특별한 능력과 취향을 가지고 있었다. 그는 분노와 같은 불편한 감정을 드러내는 법이 없었다. 스토아 철학의 아파테이아를 완벽하게 지키면서도 가장 따뜻한 마음을 보여 주었다. 그는 명성이 드높았지만 결코 구설수에 오르지 않았고, 매우 박식했지만 결코 아는 것을 드러내지 않았다.

7.

문법학자 알렉산더*Alexander*의 가르침을 통해 나는 남의 흠을 들추지 않는 사람이 되었고, 문장과 문법과 발음의 오류를 지적하며 타인을 비판하지 않게 되었다. 대신 같은 사항에 대한 대답이나 증언, 확인을 통해 그 단어를 옳게 발음하거나, 이와 비슷한 세련되고 간접적인 방법으로 품위 있고 정중하게 오류를 바로잡는 법을 배웠다.

8.

프론토*Fronto*에게서 나는 폭군이란 거대한 질투와 협잡과 위선에 휘둘리는 사람이라는 사실을 배웠다. 사람들이 귀족$_{εὐπατρίδαι}$이라고 부르는 자들은 인간 본연의 애정이 결여된 사람들이라는 사실을 알았다.

9.

플라톤 학파 철학자 알렉산더$_{Alexander}$ 덕분에 나는 '시간이 없다'는 말은 자주 하지 말아야 하고, 불필요하게 편지에 써서도 안 된다는 것을 배웠다. 또한 급한 일이 생겼다는 이유로 타인과 약속한 의무를 미루어서는 안 된다는 것을 배웠다.

10.

카툴루스$_{Catulus}$에게서 나는 친구의 질책이 부당하다고 해도 무시하지 않고, 친구의 기분까지 위무할 수 있어야 한다는 것을 배웠다. 도미티우스$_{Domitius}$와 아테노도토스$_{Athenodotus}$에 관해 전해지는 이야기처럼, 언제나 스승을 존경하고 진정으로 자녀를 사랑해야 한다는 것을 배웠다.

11.

형제 세베루스$_{Severus}$로 인해서 나는 가족 모두에게 애정과 사랑을 베푸는 법을 알게 됐다. 또한 그를 통해 트라세아$_{Thrasea}$와 헬비디우스$_{Helvidius}$와 카토$_{Cato}$와 디온$_{Dio}$과

브루투스*Brutus*를 알게 됐다. 공의와 평등이 가득한 차별 없는 공동체에 대한 개념과 열망을 심어 준 사람이 바로 그였으며, 그로 인해 나는 시민의 안위와 복지를 우선시하는 왕국의 모습을 꿈꾸게 됐다. 그에게서 나는 여러 상념이나 세상사에 방해받지 않고 한결같은 마음으로 철학을 탐구하는 법을 배웠다. 또한 아낌없이 베풀고 관대하게 행동하는 법과, 언제나 최선을 생각하는 마음과, 친구들이 나를 사랑한다고 확신하는 태도를 배웠다. 내가 그에게서 배운 다른 한 가지는, 질책받아 마땅한 자들을 진심으로 대하는 법이었다. 그의 친구들은 그가 무엇을 원하고 무엇을 원하지 않는지를 짐작하지 않고 알 수 있었다. 그만큼 그는 솔직하고 합리적인 사람이었다.

12.

막시무스*Maximus*(스토아 학파 철학자)에게서 나는 자신을 다스려 세상일을 도모해야 한다는 사실을 배웠다. 어떤 일에도 흔들리지 않고, 갑자기 찾아온 사건과 사고와 질병에도 의연히 대처하고, 온화하고 진중한 자세로 절제하는 삶을 살고, 주어진 일에 불평하기보다 맡겨진 책무를 완수해야 한다고 배웠다. 그가 무엇을 말하든 사람들은 진심을 들었다고 믿었으며, 그가 무엇을 행하든 사람들은 그의 선한 의도를 믿었다. 그는 어떠한 일에도 놀라지 않았고, 서두르지 않지만 느리지도 않았다. 그는 자신을 잃거나 낙담하지 않았고, 언제나 품위 있게 행동하며 웃음을 절제했다. 화를 내거나 의심하지 않았고, 선을 행했고, 타인을 용서했고, 진실을 말했다. 그의 모든 태도는 그가 원래부터 바르고 충직한 사람임을 보여 주었으며, 결코 훈련받거나 교육받았다는 느낌을 주지 않았다. 그는 타인에게 무시당했다고 느끼지 않는 사람이었지만, 그렇다고 타인보다 더 고귀한 사람이라고 생각하지도 않았다. 그는 유쾌한 사람이었고 자애로운 사람이었다.

13.

성품이 온화한 아버지는 충분히 검토하고 숙고한 후 내린 결정에 대해서는 동요하지 않는 강직함을 보이셨다. 아버지는 명예와 존엄이 깃드는 모든 일에 있어서 어떤 형태의 허영심으로부터도 자유로우셨다. 근면하고 인내하였으며, 공익에 관한 모든 이야기를 경청하셨다. 모든 사람이 공정하고 편견 없이 필요한 것을 취할 수 있어야 한다고 생각하셨다. 엄격함이 필요한 때와 관용과 절제가 필요한 때를 정확히 아는 천부적인 능력과 판단력을 보이셨다. 소년들을 욕망의 대상으로 삼지 않았고, 사람들과 어울릴 때는 그들의 필요를 적당히 맞춰 주셨다. 친구들에게 일상적인 식사에 참석하라고 요구하지 않았고, 여행에 동행하도록 강요하지 않으셨다. 어떤 일이 불가피한 사정으로 중단됐다가 다시 진행될 때도 이전과 같은 모습으로 책무를 다하셨다. 토론할 때도 모든 것을 정확히 검토하고 타인의 의견을 경청하였으며, 갑작스러운 생각과 판단에 안주하며 탐구를 서두르지 않았다. 친구들을 소중히 여겼고, 그들을 무시하거나 비난하거나 귀찮게 여기는 법이 없었다. 그렇다고 해서 친구들에게 집착하는 경우도 없었다. 모든 일에 만족하는 마음을 가졌고, 언제나 밝은 표정을 보이셨다. 멀리 있는 일들을 미리 대비하였고, 사소한 일에도 소란이나 분란 없이 차분한 태도로 일관하셨다. 어떤 칭송이나 아첨도 달가워하지 않았고, 통치에 필요한 모든 사항을 신중히 관찰하여 공공 지출을 철저히 관리하셨다. 이토록 엄격하고 철저한 태도로 인해 일부 인물들에게 비판을 받았지만, 그 또한 진중하게 견디셨다. 신들을 맹목적으로 숭배하지 않았고, 대중에 아첨하여 박수갈채를 얻는 일들은 하지 않으셨다. 모든 일을 절제했고 어디서든 할 바를 다했으며, 새로움에 현혹되지 않았다. 운명이 허락한 풍요 속에서도 자만하거나 과시하지 않았으며 자유와 의무를 이행하셨다. 자신에게 주어진 것들을 죄책감이나 가식 없이 자유롭게 누렸고, 그것들이 주어지지 않을 때에도 불평하지 않으셨다. 누구로부터도 박식하고 예리한 사람이라고 칭송받지 않았고, 타인을 기분 좋게 하는 아첨꾼이라거나 화술이 뛰어난 달변가라는 평가를 받지도 않았다. 대신 성숙하고 진중하고 건전한 사람으로 평가받았고, 아첨을 싫어하고 대중 가운데 조화롭게 운신하는 자라고 칭송받았다. 특히 진정한 철학자들을 매우 존경했으며, 그러면서도 그렇지 않은 사람들을 비난하지 않았다. 품격 있고 사교적인 언행으로 대화했지만 결코 지나침이 없었다. 자신의 건강을 적당히 관리했지만, 장수하기 위해서가 아니었고 청결과 외모에 집착해서도 아니었다. 물론 몸가짐을 소홀히 하는 분은 아니었다. 자신을 관리하는 신중함 덕분에 약을 먹거나 상처를 치료하는 일이 거의 없었다. 특히 웅변이나 법률, 고대 관습 등에 관한 특별한 지식을 가진 이들에게 기꺼이 존경을 표했다. 그리고 그들이 자신의 분야에서 능력을 인정받고 존경받을 수 있도록 최선을 다해 도왔다. 자신의 모든 직무를 민족의 고대 관습에 의거하여 신중하게 처리했지만, 그러한 노력에 대해 사람들이 알아주기를 기대하지 않았다. 그는 쉽게 마음을 바꾸거나 동요하지 않았고, 같은 장소와 같은 일에 집중하는 것을 좋아했다. 간혹 극심한 두통을 느꼈지만, 나아진 후에는 다

46

시 즐겁고 활기찬 표정으로 일상에 임하셨다. 그는 숨기는 것이 없었고 타인과 갈등을 빚지도 않았으며, 오직 공적인 문제에 대해서만 필요한 기밀을 유지하셨다. 그는 대중적인 유희나 오락거리, 공연, 공공 건축, 하사품 등에 대해서는 신중하고 절제된 정책을 유지하셨다. 어떤 사업을 추진해도 사람을 사람으로 존중하셨고, 일 자체의 공정성을 중시하셨으며, 그 사업으로 인한 영광을 기대하지 않으셨다. 결코 부적절한 시간에 목욕을 하지 않으셨고, 건축에 집착하지 않으셨으며, 음식의 질이나 옷의 외양에 신경 쓰거나 궁금해하지 않으셨다. 그의 언행은 인간적이었고 사려 깊었으며 고집스럽거나 성급하지 않았다. 어떤 일에도 과도하게 몰두하거나 집착하지 않았기에, 일하며 땀 흘리며 매진한다고 말할 정도는 아니었다. 오히려 매사를 차분하고 여유 있게, 차근차근 질서 있게, 건전하고 조화롭게 처리하셨다. 사람들은 말한다. 인간은 결핍 속에서 약함을 보이고 풍요 속에서 절제를 잃지만, 소크라테스는 결핍 속에서도 풍요를 누리고 풍요 속에서도 절제한 사람이었다고. 이 말은 아버지에게도 적용될 수 있을 것이다. 어떤 상황에서도 흔들리지 않고 절제와 품위를 지키는 것은 완전하고 고귀한 영혼을 가진 이들의 고유한 특성이며, 아버지는 막시무스의 투병 중에 그러한 모습을 보여 주셨다.

14.

나는 신들에게서 할아버지와 부모님, 좋은 누이, 훌륭한 스승, 좋은 가정부들, 사랑하는 일가친척, 그리고 내가 가진 모든 것을 선물로 받았다. 나는 부족한 사람이고 경우에 따라 여러 실수를 저지를 수도 있었지만 조급함과 초조함으로 인해 타인에게 잘못을 범하는 일은 면해 왔다. 신들의 자비로 인해 비난받을 일과 상황이 마련되지 않은 것이다. 나는 아버지의 소실小室 곁에서 오래 양육되지 않았고, 젊음의 순수한 시절을 만끽했다. 이른 나이에 어른 행세를 하지 않았고 오히려 그 시기를 늦춘 셈이었다. 나는 아버지이자 황제였던 부성의 권위를 경험했고 이를 통해 교만과 허영을 버릴 수 있었다. 그 가운데서 나는 군주란 호위병과 수행원, 화려한 의복, 횃불과 조각상 등의 사치가 없어도 궁정에 거할 수 있다는 생각과 믿음을 갖게 됐다. 또한 사람은 평범한 사인私人의 상태로 스스로 물러나 소박하게 살 수 있고, 그러면서도 권위가 필요한 공무와 직무에서 나약하거나 느슨해지지 않을 수 있다는 사실을 알게 됐다. 나는 존중과 사랑으로 함께하며 나 자신을 돌아보게 하는 형제가 있다는 사실에 감사한다. 총명한 자녀를 두었고 그들이 아프거나 선천적인 결핍 없이 태어난 사실에도 감사한다. 나는 수사학과 시학, 그리고 여러

48

학문에 크게 능통하지 못했는데, 만일 한 분야에서 재능을 보였다면 그것에 몰두했을지도 모른다. 나는 나를 양육해 준 분들을 그들이 가장 원하는 자리로 영예롭게 처우할 수 있게 된 사실에 감사한다. 그들이 아직 젊으니 나중으로 미루어 희망과 기대에만 머물게 하지 않은 사실에도 감사한다. 내가 아폴로니우스와 루스티쿠스와 막시무스를 알게 된 것에 감사한다. 나는 자연에 따라 사는 삶이 어떤 모습이고 어떤 의미인지 자주 생각하고 깊이 명상하곤 했다. 그래서 신들에게서 도움과 제안과 영감을 얻으며 스스로의 생각을 방해받기 훨씬 전부터 자연에 따라 살기 시작했다. 지금까지도 그 삶에 깊이 침잠해 있지 못한 것은 신들의 통찰과 가르침, 분명하고 명백한 교훈과 경고를 따르지 않은 나 자신 때문이라는 사실도 알고 있다. 그 가운데서도 내 신체가 지금껏 잘 버텨 준 사실에 감사한다. 베네딕타와 테오도토스(두 사람은 황실의 노예로 추정됨)와는 특별한 사이가 아니었고, 이후 사랑에 빠지는 일이 있었을 때도 금세 극복할 수 있었다. 루스티쿠스에게 불만을 느끼기도 했지만, 그와의 관계에 후회할 만한 행동을 한 적이 없다는 사실에 감사한다. 어머니를 일찍 여의게 될 운명이었지만, 어머니 곁에서 말년의 시간을 함께했다는 사실에 감사한다. 가난하거나 여러 가지 어려움에 처한 이들을 도우려 했을 때, 관료들이 자금 부족을 호소한 적이 없다는 사실과, 나 자신도 타인에게 도움을 요청할 필요가 없었다는 사실에도 감사한다. 나에게 온화하고 사랑스럽고 순수한 아내가 있다는 사실에 감사한다. 자녀들의 양육을 맡길 수 있는 유능한 이들을 선택할 수 있었다는 점에도 감사한다. 꿈을 통해서는 많은 도움을 받았는데, 특히 각혈을 멈추고 어지럼증을 치료하게 된 것과, 카이에타에서 그대에게 일어난 일이 바닷가에서 기도하던 크리세스에게도 벌어졌다는 사실에도 감사한다(해석이 모호한 것으로 알려져 있음). 내가 처음 철학을 접했을 때 궤변가들에게 미혹되지 않고, 큰 가치 없는 철학자들의 방대한 목록을 읽는 데 시간을 허비하지 않고, 논증과 궤변을 해결하거나 천문학과 자연 현상 연구에 몰두하지 않았다는 사실에도 감사한다. 이 모든 일은 신과 운의 도움이 없었다면 아무것도 이루어질 수 없었을 것이다.

15.

그라누아 강Granua(다뉴브강의 지류) 인근에서 콰디족과 맞선 어느 이른 아침, 스스로에게 말해 본다. "오늘 나는 게으른 사람, 속 모를 사람, 감사를 모르는 사람, 욕설을 내뱉는 사람, 교활하고 거짓된 사람, 질투심 가득한 사람, 예의 없고 인정 없는 사람을 상대하게 되리라. 그들이 가진 나쁜 기질은 진정으로 선한 것과 악한 것을 알지 못하는 무지에서 비롯된 것이다. 하지만 나는 선의 본성은 아름다운 것이고 악의 본성은 추한 것이라는 점을 이해한다. 잘못을 범하는 사람이 나와 같은 혈족도 아니고 동향 사람도 아니지만, 같은 이성과 같은 신성을 공유하고 있다. 그러므로 그들 중 누구도 나에게 상처를 줄 수 없고, 그들에게는 그러할 권한조차 없으니, 내가 그들 누구에게 화를 내고 악한 감정을 발산하겠는가? 우리는 모두 서로 돕도록 태어난 존재이니, 그것은 마치 손과 발이, 눈꺼풀과 눈꺼풀이, 윗니와 아랫니가 협력하는 것과 같다. 서로 대립하는 것은 인간의 본성에 반하는 일일 뿐이다. 화를 내고 싸우는 것은 무엇인가? 서로 반목하는 일이 아니겠는가?

16.

나라는 존재를 어떻게 설명하든 그것은 육신이거나, 생명이거나, 혹은 마음 중심에서 인간을 지배하는 이성일 것이다. 책을 멀리해도 좋다. 더 이상 너의 마음이 산만해지고 요동치도록 두지 마라. 마치 죽음을 목전에 둔 것처럼 그대의 육신에 대해 고민하지 마라. 피와 뼈와 피부로 덮여 있고, 그 속에 신경과 정맥과 동맥이 얽히고 꼬인 작은 덩어리일 뿐, 그 정도만 이해해도 충분하다. 둘째로, 너 자신의 생명에 대해 생각해 보라. 그것은 바람 같은 것이다. 그것도 한결같은 바람이 아니라, 매 순간 들어오고 나가는 바람이다. 셋째로, 너의 가장 중요한 부분인 이성에 대해 생각해 보라. 너는 이제 나이가 들었다. 그 이성이 억압당하거나 노예처럼 부려지지 않게 하라. 이성이 자신과 어울리지 않는 욕망과 충동에 의해, 힘줄과 신경에 의해 끌려다니도록 두지 마라. 더 이상 현재의 어떤 것을 불평하지도 말고, 운명이 네게 맡긴 미래의 것을 두려워하지도, 피하려 하지도 마라.

17.

신들에게서 직접적으로 비롯된 것은 모두 신성한 섭리를 통해 이루어진다는 것은 누구나 인정할 것이다. 사람들이 운이라고 말하는 일들조차도 자연의 원리이거나 보편의 법칙일 뿐이다. 더 명확히 그것은 신성한 섭리에 의해 관리되고 운행되는 모든 조화라고 생각해야 한다. 모든 것은 그에게서 흘러나온다. 그리고 존재하는 모든 것은 필연적이다. 그 전체, 혹은 전체의 일부가 바로 당신이다. 전체가 보존되는 데 필요한 것은 모든 개별적인 존재들에게도 반드시 선하고 유익해야 한다. 전체는 부분의 요소들이 끊임없이 변화하고 전환됨으로써, 혹은 섞이고 결합된 것들이 또 다시 변화하고 변형됨으로써 그 생명력을 유지한다. 이러한 원리에 만족하라. 그것을 너의 일반 원칙과 규범으로 삼아라. 책에 대한 열정을 불태우지 않아도 좋다. 만일 그렇게 하지 못한다면 불평하고 투덜대다가 세상을 떠나게 될 것이다. 진심으로 만족하고 겸허히 수용하라. 신들에게 깊이 감사하는 마음이 모든 것의 토대이다.

제2권

MEDITATIONS
MARCUS AURELIUS

"항상 기억해야 한다.
사람은 지금 살고 있는 순간 외에
다른 때를 살 수 없으며,
지금의 삶조차도
매 순간 버려지고 있다는 사실을."

1.

네가 오랫동안 미룬 일들과 신들이 정해 준 시간을 소홀히 한 일들을 기억하라. 이제는 네가 속한 세상의 본질을 알 때가 되었고, 그 세상의 주인이자 통치자인 신의 본질을 이해할 때가 되었다. 너는 깨달아야 한다. 마치 샘에서 물줄기가 흐르듯 너 자신도 그분에게서 흘러나왔다는 사실을. 너에게는 주어진 시간이 있다. 그 시간을 통해 너의 영혼을 돌보고 다스리지 않는다면, 시간은 너와 함께 지나가 버리고 다시는 돌아오지 않을 것이다.

2.

로마인이자 한 인간으로서 너에게 주어진 과제는 매사에 진지하고 성실하게 임하며, 마음을 다해 자유와 정의를 구현하는 일이다. 그 밖의 다른 걱정과 우려에 대해서는 마음을 가볍게 하는 방법을 찾아야 할 뿐이다. 네가 만일 생의 마지막 나날을 사는 듯 행동하고, 모든 허영을 버리고, 이성에 반하는 감정과 고집과 위선과 자기애를 버리고, 운명과 신이 허락한 일들에 대한 불만을 떨쳐 낼 수 있다면 그 일을 이룰 수 있다. 네가 경험한 것처럼 인간이 성공의 길을 걷고 신성한 삶을 살기 위해 필요한 것은 많지 않다. 이러한 덕목들을 지키고 따르는 일 이상의 것을 신들은 원하지 않을 것이다.

3.

가엾은 영혼이여, 그대는 자신을 경멸하고 학대하고 있구나. 그리하여 잠시 후면 네가 자신을 존중할 수 있는 시간마저 사라지겠구나. 사람의 행복은 자기 자신에게 달려 있건만. 보라, 너의 삶은 거의 끝나 가고 있다. 그런데도 너는 자신을 존중하지 않고, 오로지 다른 사람들의 생각과 판단 속에서 자신의 행복을 갈구하고 있구나.

4.

왜 너의 밖에서 일어나는 일들에 그토록 혼란스러워하는가? 자신에게 시간을 주어 좋은 것들을 배워야 한다. 이리저리 방황하는 행보를 멈추어야 한다. 여러 종류의 방황이 있겠으나, 고민하고 노력함에도 행위와 욕망이 다다를 확고한 지향점이 없다면 그 모두는 헛될 뿐이다.

5.

타인의 영혼을 돌보지 않아 불행해진 사람은 많지 않다. 자기 영혼을 이성과 분별로 통제하지 않는 이들은 알아야 한다. 그대들은 반드시 불행해질 수밖에 없다는 사실을.

6.

너는 이것을 마음속에 간직해야 한다. 우주의 본질이 무엇인지, 너 자신의 본성은 무엇인지, 너의 본성과 우주의 본질 사이에 어떤 관계가 있는지, 너 자신은 어떤 우주의 어떤 부분인지 생각해야 한다. 네가 만일 그 본성에 부합하는 말과 행동을 한다면 그것을 방해할 수 있는 사람은 없다는 사실도 기억해야 한다.

7.

테오프라스토스*Theophrastus*는 가능한 통상적인 관점에서 여러 가지 죄를 비교했다. 그는 분노로 촉발된 죄보다 욕망에 휩싸여 행한 죄가 더 나쁘다고 했다. 철학자다운 훌륭한 말이다. 분노하는 사람은 비탄에 빠진 채 자신의 내면을 파괴하고 이성에 등을 돌린 것처럼 보인다. 하지만 욕망을 위해 죄를 짓는 사람은 쾌락에 지배당한 채 죄를 범하는데, 그 가운데는 무기력하고 음탕한 기운이 가득하다. 그는 철학자답게 이렇게 말한다. 비탄에 빠져 죄를 짓는 사람보다 욕망에 빠져 죄를 짓는 사람이 더 비난받아야 한다고. 왜냐하면 전자는 부당한 상황을 맞이한 뒤 그에 대한 분노를 폭발시킨 것이지만, 후자는 그 사람 자신이 그 행동을 선택한 것이기 때문이다.

8.

네가 무엇을 좋아하고 무엇을 실행하든, 그것을 계획하고 이행하는 바로 그 순간 이 삶을 떠날 수 있는 사람처럼 행하라. 그리고 죽음에 대해 말해 보자. 만일 신들이 존재한다면 인간의 세상을 떠나는 것은 고통스러운 일이 아니다. 또한 신들이 너를 해할 생각이 없다는 것도 분명한 사실이다. 그런데 만일 신들이 존재하지 않거나 신들이 세상에 관심을 두지 않는다면, 신도 없고 신성한 섭리도 없는 세상에서 내가 살고 싶어 할 이유가 있을까? 그러므로 신들은 분명히 이 세상을 돌보고 있을 것이다. 또한 악덕과 사악함처럼 진정으로 악한 것이 있다면 신은 인간에게 이를 회피할 능력을 주셨을 것이다. 만일 그밖에 진정으로 나쁘고 사악한 것이 있었다면, 신들은 그 또한 인간이 피할 수 있도록 조치했을 것이다. 어떤 것도 인간 자체를 더 좋게 하거나 더 나쁘게 만들 수 없다면, 그것이 인간 삶에 해를 끼치거나 손해를 입힌다고 생각할 이유가 무엇인가? 또한 어떤 일이든 그것이 우주의 본성에 무지하여 벌어졌다거나, 미리 예방하지 못했다거나, 더 나은 방식으로 조치할 능력이 없어서 벌어졌다고도 생각할 수 없다. 우주의 본성이 능력과 지식 면에서 부족하여 선과 악을 가리지 못한다거나, 모든 일이 선한 사람과 악한 사람 모두에게 무차별적으로 일어나도록 의도했다고 생각해서도 안 된다. 삶과 죽음, 명예와 불명예, 고통과 즐거움, 부유함과 빈곤 등의 일들은 선한 사람과 악한 사람 모두에게 일어난다. 하지만 그것들은 본질적으로 선하지도 않고 악하지도 않다. 왜냐하면 그 어느 것도 본질적으로 부끄럽거나 칭찬받을 일이 아니기 때문이다.

9.

모든 것이 얼마나 빨리 흩어지고 소멸되는지 생각해 보라. 모든 육체와 물질은 스스로 세상의 기본 요소로 돌아가고, 그것들에 대한 기억은 세상의 보편적인 시간과 공간 속으로 사라진다. 세속적이고 감각적인 것들의 본질을 생각해 보라. 쾌락으로 사람을 유혹하거나, 공포심으로 사람을 떨게 하거나, 화려한 겉모습으로 선망받고 숭배받는 것들의 본질을 살펴보라. 그것들이 얼마나 천하고 허망하며, 얼마나 부박하고 쉽게 부패하는지를. 그 속에 진정한 생명과 실체가 얼마나 담겨 있는지를 말이다.

10.

올바른 이해력을 가진 사람이라면, 내적 허영과 갈망에서 비롯된 명예나 신뢰라는 것에 대해 진지하게 생각해 보아야 한다. 죽음이 무엇인지에 대해서도 생각해야 한다. 죽음을 죽음 자체로만 생각하고, 죽음이라는 생각에 수반되는 많은 것들을 떨쳐 버릴 수 있다면, 그것은 자연의 현상일 뿐이라는 사실을 알게 될 것이다. 자연의 현상을 두려워하는 사람은 어린아이와 다를 바 없다. 죽음은 단지 자연현상일 뿐 아니라 자연에 기여하는 일이기도 하다.

11.

　인간이 어떤 부분을 통해 신과 연결되는지, 그리고 신에게서 유출되었다고 말할 때 어떤 부분이 유출되었는지 스스로 생각해 보라. 모든 것을 헤집는 것도 모자라 땅속 깊은 곳까지 파헤치고자 하며, 다른 사람의 영혼까지도 짐작과 추측으로 간섭하고 재단하는 이보다 비참한 사람은 없다. 그러면서도 그러한 자신을 돌아보지 못하는 이는 더욱 비참하다. 그럼에도 불구하고 인간은 내면의 영혼을 돌보고 그것에 헌신하며, 생각과 관심을 기울여 그 영혼을 보살피는 일만으로 충분하다는 것을 깨닫지 못한다. 자신을 섬긴다는 것은 모든 격한 감정과 나약한 마음, 성급함과 허영심, 그리고 신과 사람들에 대한 불만으로부터 자신을 온전히 지킨다는 뜻이다. 중요한 것은, 신들에게서 나오는 모든 것은 그 가치와 선함 때문에 존중받아야 하며, 사람에게서 나오는 모든 것은 그것이 우리 동족의 것이기 때문에 사랑으로 위무받아야 한다. 때로 정말로 선한 것과 정말로 악한 것을 알지 못하지만, 이는 흑백을 구분하지 못하는 맹목의 무지에서 비롯된 것이므로, 일종의 동정과 연민의 마음을 가져야 한다.

63

12.

네가 3천 년을 살든, 아니면 만 년을 살든 항상 기억해야 한다. 사람은 지금 살고 있는 삶의 순간 외에 다른 때를 살 수 없으며, 지금 살고 있는 그 삶조차도 매 순간 버려지고 있다는 사실을. 가장 긴 시간과 가장 짧은 시간이 다르지 않다는 사실을. 이미 지나간 시간에 있어서는 차이가 있을 수 있지만, 현재 존재하는 시간은 누구에게나 동일하다. 우리가 죽을 때 떠나는 것이 바로 그 시간이며, 우리가 떠나는 그 시간이란 단지 찰나의 순간이라는 것은 분명한 사실이다. 이미 지나간 것과 장차 다가올 것에 대해서는 누구도 그것을 떠난다고 말할 수 없다. 자신이 가지고 있지 않은 것을 어떻게 떠나 보낼 수 있겠는가? 그러므로 너는 두 가지를 기억해야 한다. 첫째, 세상 모든 것은 영원 전부터 시간의 끝없는 순환을 통해 이어지고 갱신되어 왔으며, 따라서 사람이 100년을 살든 200년을 살든 무한의 시간을 살든, 모든 것이 같은 종류와 본질로 만들어져 있다면 시간의 차이는 의미를 갖지 못한다. 둘째, 가장 오래 산 사람이나 가장 짧게 산 사람이 하직하는 삶의 길이와 지속 시간은 동일하다. 왜냐하면 그들 중 누구도 잃을 수 있는 것은 현재뿐이며, 가지고 있던 것도 현재뿐이기 때문이다. 자신이 가지지 않은 것을 잃었다고 말할 수 있는 사람은 아무도 없다.

13.

모든 것은 단지 생각과 의견일 뿐이라는 것을 기억하라. 견유학파 철학자 모니모스*Monimus*의 이 말은 평범하고도 분명한 진실이다. 누구든 이 평범한 말을 진실로 받아들인다면 그것은 듣기 좋고 기분 좋은 말일 뿐 아니라 많은 것에 적용할 유용한 도구가 된다.

14.

사람의 영혼이 세상의 종양과 혹으로 변해 가는 것은 첫째, 자신에게 죄를 짓고 자신을 존중하지 않을 때이다. 세상에서 벌어지는 일들을 슬퍼하거나 그 일에 불만을 가지는 것은 우주의 본성을 거스르는 직접적인 배신이다. 세상 만물의 본성은 우주라는 개체에서 하나이기 때문이다. 둘째, 영혼이 어떤 사람을 싫어하거나 그에게 해악을 끼치려는 잘못된 욕망과 감정에 이끌릴 때이다. 그때의 영혼은 분노하는 사람의 모습과 같다. 셋째, 영혼이 쾌락과 고통의 압제에 신음할 때이다. 넷째, 영혼이 어떤 것을 가장하거나 은밀하고 거짓된 행동을 할 때이다. 다섯째, 영혼이 아무런 목적도 신중한 숙고도 없이, 그리고 공동의 선에 부합하는지를 고려하지 않은 채, 무엇을 추구하고 매진할 때이다. 가장 사소한 일조차도 목적 없이 행해져서는 안 된다. 이성적인 피조물들이 조화를 이루어 순응해야 할 것은 위대한 도시와 오래된 공동체에 담긴 이성과 법규다.

15.

인간의 생은 한 점과도 같다. 그 본질은 쉼 없이 흐르고 그 의미는 불명확하다. 신체는 늙어 가고 영혼은 배회한다. 운명은 요동치고 명성은 의심받는다. 간단히 말해, 육체에 속한 모든 것은 흐르는 물과 같고, 영혼에 속한 모든 것은 꿈이나 연기와 같다. 우리의 삶은 전쟁터와 같고 하나의 순례와도 같으며, 죽음 이후에 얻는 명성이란 망각 속에 있을 뿐이다. 그렇다면 우리가 추구해야 할 것은 무엇인가? 오직 철학뿐이다. 철학은 정신의 온갖 상처와 아픔으로부터, 육체의 모든 고통과 쾌락으로부터 자신을 보존하는 수단으로서의 의미를 가진다. 철학은 경솔함과 거짓과 위선을 떨쳐 내고 자신의 올바른 마음과 행위를 건사하는 일이며, 주어지는 모든 상황이 그것을 보내신 분의 뜻이라는 사실을 받아들이고 포용하는 마음이다. 그리고 무엇보다도 겸허하고 잠잠하면서도 유쾌한 마음으로 기꺼이 죽음을 기다리는 일이다. 죽음이란 피조물들이 각기 부여받은 원소들을 되돌려주는 일일 뿐이기 때문이다. 원소들이 끊임없는 변화와 전환 속에서 아무런 고통을 느끼지 않는다면, 그 모든 해체와 변화가 어떻게 두려운 일일 수 있을까? 모든 것은 자연의 섭리가 아니겠는가? 그러므로 섭리에 따르는 모든 것은 악이 될 수 없다.

카르눈툼*Carnuntum*에 머무는 동안 기록함.

제3권

"언제나 곧고 바르게 살아온 이처럼 행동하라.
교정된 사람이 아니라
처음부터 바른 길을 걸어온
사람처럼 살아라."

1.

인간은 자신의 생이 날마다 소모되고 있다는 사실을 기억해야 한다. 설사 오래 산다고 해도 지적인 능력이 얼마나 기능할지 알 수 없다는 점도 고려해야만 한다. 지적인 능력은 일과 사업을 판단하고 깊이 사색하는 능력이며, 신성한 것과 세속의 일 모두에 관여하는 중요한 요소가 된다. 그 능력이 조금씩 쇠약해져도 호흡과 섭취와 상상, 욕구, 그리고 기타 신체의 기능은 여전히 유지된다. 따라서 자신의 부족한 점을 느끼지 못한다. 하지만 실상은, 올바로 처신하는 법, 올바름과 정의를 따르는 일, 모든 오류와 즉각적인 판단과 상상을 자각하는 일, 나아가 자신이 더 살아야 할지 말아야 할지 객관적으로 생각하는 능력 등 가장 중요한 일들을 바라보는 지혜와 판단이 희미해져 간다. 그러므로 서둘러야 한다. 너 또한 날마다 죽음에 한 발 더 가까워지고 있을 뿐더러, 네가 가진 지적 능력, 즉 사물의 본질을 알고 그에 따라 행위를 다스리는 능력도 날마다 쇠퇴하고 있기 때문이다. 어쩌면 그 능력은 네가 숨을 거두기 전에 너를 떠날 수도 있다.

2.

이것 또한 기억해야 한다. 자연적으로 벌어지는 모든 일에는 나름의 기쁨과 즐거움이 내포돼 있다. 예를 들어, 빵을 굽다 보면 표면이 갈라지고 벌어져 거칠고 울퉁불퉁해 보인다. 이러한 외양이 일견 빵 굽는 이의 의도에 어긋나 보이기도 하지만, 고르고 매끄러운 표면보다 자연스럽게 갈라지고 벌어진 표면이 오히려 식욕을 돋우고 독특한 식감을 갖도록 한다. 무화과는 오그라들고 마르기 시작할 때 가장 무르익은 것으로 여겨진다. 올리브는 썩기 직전에 최고의 향미를 발한다. 포도송이가 늘어져 있는 모습, 사자의 주름진 이마, 야생 멧돼지가 거품을 물고 침 흘리는 모습 등 그 자체는 아름다움과 거리가 있어 보이지만 자연스럽게 농익는 모습에는 품위와 미감이 있다. 그러므로 우리가 깊은 마음과 통찰로 세상을 바라본다면, 매우 사소한 일이나 자연적인 현상에서 기쁨과 즐거움을 발견하게 될 것이다. 그런 사람은 화가나 예술가의 작품들 못지않게 야생동물 본연의 모습을 즐겁게 감상할 수 있을 것이다. 또한 남자든 여자든 노년의 고유한 편안함과 아름다움을 인식할 수 있을 것이다. 존재하는 모든 것에서 아름답고 매혹적이며 순결하고 절제된 것들을 금세 찾아내고 분별할 것이다. 이러한 안목은 누구나 향유할 수 있는 것이 아니며, 오직 자연 자체와 모든 자연적인 것들을 진심으로 느끼고 그것들과 자연스럽게 교감하는 이들만이 가질 수 있는 것이다.

73

3.

히포크라테스*Hippocrates*는 많은 이의 병을 치료했으나 결국 자신도 병에 걸려 죽었다. 점성술사들과 천문학자들도 많은 이의 죽음을 예언했지만 자신에게 다가온 죽음을 피할 수는 없었다. 알렉산더와 폼페이우스와 카이사르는 수많은 도시를 정복하고 수만의 보병과 기병을 학살했으나, 결국 그들도 언제까지나 목숨을 부지할 수는 없었다. 헤라클레이토스*Heraclitus*는 세상의 마지막 대화재大火災에 관한 여러 저술을 남겼지만 종국에는 몸속에 물이 가득한

채 오물을 덮어쓰고 죽었다. 데모크리토스*Democritus*는 해
충에 목숨을 잃었고, 소크라테스는 사악하고 신을 두려워
하지 않는 해충 같은 이들로 인해 죽음을 맞이해야 했다.
그렇다면 우리는 어떻게 살아야 하는가? 너는 배에 올랐
고 항해를 시작했으며 육지에 다다랐다. 그렇다면 배에서
내려라. 만일 또 다른 삶으로 나아간다면, 그곳에서도 신
들을 만날 것이다. 신들은 어디에나 계시기 때문이다. 만일
모든 삶과 육신의 감각이 끝난다면 너는 더 이상 고통이
나 쾌락에 얽매이지 않게 될 것이다. 그리고 이 하찮은 육
신을 섬기고 돌보는 일에서 벗어나게 될 것이다. 육신은 단
지 흙과 피로 이루어진 물질에 불과하지만, 그것을 지배하
고 이끄는 정신은 이성적이고 고귀한 존재이기 때문이다. ⁷⁴

4.

너의 남은 생을 타인에 대한 생각이나 공상으로 낭비하
지 마라. 그것이 공동선을 위한 것이 아니고, 너 자신이 더
나아지는 일에 관한 것이 아니라면 더욱 그렇다. 다른 사
람이 무엇을 하고 있는지, 무엇을 위해 그렇게 하고 있는
지, 무슨 말을 하고 무슨 생각을 하고 있는지, 혹은 무엇을
도모하고 있는지를 고심하며 시간을 허비하지 마라. 그러
한 호기심은 인간을 방황하게 하고, 자기 내면의 이성적이

고도 대범한 자아를 좀먹게 한다. 그러므로 생각의 흐름과 확장 속에 헛되고 무의미한 자락이 틈입하지 않도록 주의해야 한다. 특히 지나친 호기심과 악의가 섞인 상념을 조심해야 하고, 그 습관을 몸에 익혀야 한다. 만일 누군가 문득 너에게 지금 무엇을 하고 있는지 묻는다면, "이것을 하고 있고 저것을 하고 있다."라고 자유롭고 떳떳하게 말할 수 있어야 하고, 그러한 생각과 행동을 통해 너의 진실하고 평온한 자아가 드러나도록 해야 한다. 그것이야말로 사회의 한 구성원으로서 쾌락에 집착하지 않고 향락적인 공상에도 휩쓸리지 않는 모습이다. 분란, 질투, 의심 같은 모든 부정적인 생각으로부터 자유로워야 하며, 네가 부끄러워할 만한 생각들로부터도 멀어져 있도록 노력해야 한다. 그런 사람은 가장 선한 것을 취하는 데 있어 주저하지 않는 사람이며, 신들의 사제이자 봉사자로서 내면의 신성한 성전과 성소에서 신과 깊이 교감하고 조화를 이루는 사람이다. 그런 사람은 쾌락에 탐닉하지 않고, 고통에 굴복하지 않고, 부당하고 부끄러운 길로 나아가지 않으며, 타인의 어떠한 악덕에도 영향을 받지 않는다. 그는 최고선을 위해 싸우는 투사이며, 자신의 열정과 감정에 지쳐 쓰러지지 않으려 분투한다. 그는 정의에 깊이 침잠하여 자신에게 닥치는 모든 일과 운명의 노정을 진심으로 받아들이고 포용한다. 그런 사람은 공공선을 위한 중요한 경우를 제외하면 다른 이가 무슨 말을 하고, 무슨 일을 하고, 무슨 계획을 세우는지 대체로 신경 쓰지 않는다. 오직 자신의 힘으로 통제할 수 있는 일과, 진정으로 자신의 것이라고 할 수 있는 일에만 관심을 기울인다. 그런 사람은 언제나 전 우주에서 운명과 신이 섭리하여 자신에게 할당한 일에만 주의를 기울인다. 그리고 자신의 것이자 자신의 힘으로 통제할 수 있는 일들이 선한 방향으로 나아가도록 노력한다. 또한 자신에게 닥치는 일들이 선한 것이라고 믿는다. 각자에게 주어진 운명과 일들은 피할 수 없고, 피할 수 없는 만큼 언제나 유익하기 때문이다. 그는 이성을 가진 모든 존재가 자신의 일가라고 생각하며, 인간을 보살피는 일이 인간의 본성에 부합한다는 사실도 잊지 않는다. 그런 사람은 명예와 칭찬을 얻고자 할 때도 모든 사람에게서가 아닌 오직 자연의 섭리에 순응하는 이들에게서 얻고자 한다. 그는 자연의 섭리에 순응하지 않는 이들이 집에서든 밖에서든, 낮이든 밤이든, 어떤 마음으로 어떤 환경에서 어떤 부류의 사람들과 어울리는지 잘 안다. 그러므로 그는 자기 자신조차 알지 못하고 존중하는 않는 이들의 칭찬과 인정에는 관심 갖지 않는다.

5.

의지에 반하거나 공동체를 거스르는 일은 하지 말고, 충분히 숙고하지 않은 일과 마음에 꺼림칙한 일은 하지 마라. 지나치게 화려하고 세련된 말을 꾸미지 말고, 많은 말을 하지도 말고, 많은 일을 떠안지도 마라. 나아가 네 안의 신이 너를 다스릴 때, 신이 관여하는 네가 누구인지 알게 하라. 그 사람은 나이가 들었고 사교적이고 로마인이고 지도자이며 삶을 마무리하고 있는 자다. 나팔 소리를 들으면 언제든 삶을 하직할 준비가 된 듯 살아가는 자다. 자신의 말과 행동을 위해 맹세나 증인을 필요로 하지 않는 사람이다.

6.

유쾌한 사람이 되어야 한다. 타인의 도움이나 시중, 혹은 다른 사람에게 의존하는 휴식과 평온을 즐기지 않는 사람이 되어야 한다. 스스로 곧고 바르게 서는 사람이 되어야 한다. 언제나 곧고 바르게 살아온 이처럼 행동하라. 교정된 사람이 아니라 처음부터 바른 길을 걸어온 사람처럼 살아라.

7.

만일 유한한 삶의 여정에서 정의나 진리, 절제, 용기보다 더 나은 가치를 발견한다면, 그리고 그것이 보편적으로 올바르면서도 이성의 판단으로 행한 일이나 의지와 무관하게 벌어진 일 모두에 만족하는 마음보다 낫다면, 진심으로 말하건대 그것을 온 마음으로 추구하라. 어디에서든 그토록 좋은 것을 발견한다면 그것을 자유롭게 누려도 좋다. 하지만 네 안의 정신보다 더 소중한 것을 찾지 못한다면, 네 안의 정욕과 욕망을 조절하는 것보다 나은 것이 없고, 충분히 생각하기 전에 어떤 상상이나 환상에 휘둘리지 않을 수단이 없다면, 그리고 소크라테스의 말처럼 모든 감각적인 유혹에서 벗어나 신에게 의탁하고 사람을 보살피는 일이 가장 중요하다고 생각된다면, 너 자신의 진정한 선을 추구하는 마음을 붙잡아야 하며 그것을 흔들고 방해하는 어떤 것에도 휘둘려서는 안 된다. 한번 다른 것에 마음을 빼앗긴다면 올곧은 너 자신의 선을 온전히 추구하기 어렵게 될 것이다. 네 이성적이고 선한 본성을 거스르는 것은, 그것이 대중의 칭송이든 부와 명예든 기쁨이든 마음에 들어서는 안 된다. 이런 정념은 잠깐이라도 마음에 들이면 금세 힘을 얻고 마음을 흔들어 사람을 바른 길에서 벗어나게 한다. 그러니 최선을 선택하고 흔들림 없이 그것에 집중하라. 사람들이 말하는 최선이 가장 유익한 것이고, 그 유익한 것이 인간의 이성에 유익한 것이라면, 그것을 받아들이고 추종해도 좋다. 하지만 단순히 목숨을 부지하는 데 유익한 것이라면 그것을 거부하라. 겉으로 보이는 정연함과 화려함에 흔들리지 말며, 사물을 올바로 분별하는 법을 배워야 한다.

8.

무엇이든 너의 신념을 무너뜨리거나, 겸손한 마음을 잃게 하거나, 타인을 미워하고 의심하게 하거나, 남을 저주하고 속이게 하거나, 벽과 장막 뒤에 숨겨야 하는 욕망을 가지게 한다면 그것을 결코 좋은 것이라 여기지 마라. 자신의 이성과 정신과 그로부터 나오는 고귀한 덕을 가장 소중히 여기는 사람은 결코 슬퍼하고 탄식하지 않을 것이며 한숨을 쉬지도 않을 것이다. 그런 사람은 외로움도 동행도 필요하지 않을 것이며, 무엇보다도 욕망과 두려움에서 벗어난 삶을 살게 될 것이다. 그 삶에서 육신을 입은 자신의 영혼이 지상에 오래 머물지 짧게 머물지에 대해서도 전혀 관심을 갖지 않을 것이다. 지금 당장 세상을 떠나야 한다고 해도 그는 마치 일상의 일을 행하듯 겸허하고 품위 있게 준비를 마칠 것이다. 일생 동안 그의 유일한 관심사는 언제나 이성적이고 사회적인 존재에게 주어진 책무과 그 목적에 집중하는 일일 것이다.

9.

충분히 배우고 훈련된 마음에는 더럽고 불순하고 부패한 것이 뿌리내릴 수 없다. 비굴한 것과 가식적인 것과 편파적인 배척과 악의적인 혐오는 물론, 불쾌한 것과 비밀스러운 것도 배태될 수 없다. 그런 사람은 무대에서 연기하는 도중에 숨을 거둔 배우 같은, 혹은 배우가 대사를 외치고 있는데 연극이 끝난 것 같은 당혹스러움을 느끼는 일이 결코 없을 것이다.

10.

너의 명예와 자긍심으로 모든 것을 판단하라. 명예와 자긍심이 그 판단에 달려 있기 때문이다. 어떤 판단도 자연의 법칙이나 이성적 존재로서의 본성을 거스르지 않도록 하라. 이성적인 존재가 지향하는 것은 성급히 행동하지 않고, 사람들에게 애정을 베풀며, 모든 일에서 신의 뜻을 찾는 것이다. 그러므로 다른 모든 것을 내려놓고 이러한 것들을 지켜도 된다. 지금 이 순간을 제외하고는 누구도 실재하는 삶을 살지 못한다. 지금의 순간조차 단지 한순간

일 뿐이다. 지금 외의 모든 시간은 이미 지나갔거나 불확실하다. 인간에게 주어진 삶은 매우 짧고, 우리가 살아가는 터전은 세상의 아주 작은 구석일 뿐이다. 죽음 이후 남는 엄청난 명성은 티끌과도 같고, 그마저도 곧 죽을 평범한 인간들이 잠시 기억할 뿐이다. 그 사람들 역시 살아 있는 동안 자신이 누구인지 알지 못하며, 심지어 오래전 죽고 없는 인물에 대해서는 더욱더 알지 못한다.

11.

인생에 도움이 되는 생각과 조언에 하나를 더 추가해 보자. 떠오르는 모든 대상을 마음에 그리고 묘사하듯 구체적으로 관찰하라. 그리고 그것을 꾸밈없는 본연의 모습으로 바라보는가 하면, 전체를 부분으로 나누어 하나씩 자세히 살펴보라. 그런 뒤 그 대상 자체와 그것의 구성 요소들, 그리고 그것이 결국 돌아가게 될 본래의 요소들을 마음이 알고 있는 본래의 이름과 명칭으로 불러 보라. 정말로 위대한 사람이 되기 위해서는 세상에서 일어나는 일들을 진지하고 체계적으로 생각하고 검증해야 하고, 이를 통해 사물의 본질을 통찰해야 하며, 동시에 그것을 다음과 같이 받아들여야 한다. 그것이 필요한 이유는 무엇인가? 그것을 통해 유추할 수 있는 우주의 본질은 무엇인가? 그것은 우주 전체에서 얼마나 중요한 것인가? 세상의 모든 도시가 마치 집과 가족처럼 보이는 이곳 우주의 시민인 인간에게 그것은 얼마나 중요한가?

12.

지금 내가 마음에 담고 있는 것은 무엇인가? 그것은 어떤 요소들로 이루어져 있는가? 그것은 얼마나 오래 지속될 수 있는가? 지금 이 상황에 가장 적합한 덕목은 무엇인가? 인내, 용기, 진실, 신뢰, 성실, 위안, 혹은 다른 무엇이 있을까? 모든 일에 대해 이렇게 말할 수 있어야 한다. '이것은 신이 허락한 일이다.' 혹은 '이것은 필연의 일환이다.' 심지어 같은 맥락에서 이렇게도 말할 수 있다. '이것은 어떤 우연한 사건으로 발생한 일이다.' 그 우연한 사건은 이웃과 친척과 동료로부터 비롯된 것이며, 자신의 본성에 부합하는 일을 알지 못하는 무지에서 비롯된 일이다. 하지만 나는 그것을 알기에 자연스러운 조화의 법칙을 포용할 것이며, 모두에게 친절하고 공정하게 대할 것이다. 또한 나와 무관한 일에 대해서는 내 판단에 따라 그것이 가진 가치에 상응하는 행동을 할 뿐이다.

13.

현재 주어진 일을 바르고 합리적인 원칙에 따라 신중하고 겸허하고 소신 있게 행한다면, 다른 일과 복잡하게 얽히지 않고, 순수한 정신이 흐트러지지 않고, 희망과 공포의 어느 한쪽에 매몰되기보다는 신에게 의탁하고, 모든 말과 행동에 영웅적인 진실이 드러나게 된다. 그리고 너는 행복한 삶을 살 수 있다. 그것을 방해할 수 있는 사람은 어디에도 없다.

14.

의사나 치료사가 갑작스러운 치료를 위해 도구를 비치하듯, 너도 신적인 문제와 인간적인 문제에 대한 지식을 늘 준비해 두어야 한다. 그리고 네가 하는 모든 일, 심지어 가장 사소한 일에 있어서도 신적인 일과 인간적인 일 사이의 관계와 연결성을 염두에 두어야 한다. 신적인 사유 없이는 세상일에 성공할 수 없으며, 인간적인 배려 없이는 신적인 일에 만족할 수 없다.

15.

속아서는 안 된다. 네가 마련해 둔 도덕론 주석서나 로마와 그리스 명사들의 기록, 혹은 여러 책에서 발췌해 놓은 문장들을 다시 읽는 날은 오지 않을 수도 있다. 노년의 시간을 대비해 쌓아 둔 그 책들을 읽는 시간도 오지 않을 것이다. 그러니 헛된 희망은 버리고, 현실에 주어진 책무를 마무리하는 편이 낫다. 만일 네 자신을 정말로 소중히 여긴다면, 언제나 그러하듯 당장 스스로를 돌보는 일에 집중하라.

16.

사람들은 남의 것을 훔치고, 씨를 뿌리고, 물건을 사고, 휴식을 취하고, 책무를 다하는 일 등에 담긴 헤아릴 수 없는 의미들을 이해하지 못한다. 이것은 눈이 아닌 다른 종류의 방식으로 이해되는 일이다. 신체의 여러 감관과 영혼과 이해력이 모두 여기에 관여하기 때문이다. 감각이 신체에 속하고, 감정과 욕구가 영혼에 속하며, 원칙은 이해력에 속한다.

17.

상상과 공상은 인간과 동물의 공통된 능력이다. 하지만 욕구와 욕망에 강하게 이끌리는 것은 야수나 괴물 같은 인물들, 이를테면 팔라리스*Phalaris*(고대 시칠리아의 군주)나 네로*Nero* 같은 자들에게 해당되는 일이다. 또한 이성에 따라 일상적인 의무를 실천하는 것은 신을 믿지 않는 자도, 자기 이익을 위해 조국을 배신하는 자도 흔히 하는 일이다. 그러므로 선을 추구하는 이들은 자신의 운명과 주어진 일을 기꺼이 받아들이고, 자기 내면의 성소聖所를 헛된 생각들로 채우지 않으며, 그 성소에 깃든 정신을 신처럼 존중하고 따른다. 그는 결코 진리에 반하는 말도, 정의에 어긋나는 행동도 하지 않는다. 그가 진실하고 양심적인 사람이라는 사실을 몰라 주어도, 그가 기쁘고 만족스럽게 산다는 사실을 믿지 않는다고 해도, 그는 누구에게도 화내지 않으며, 자신의 지향점을 향해 나아가는 행보를 멈추지 않는다. 오직 순수한 마음으로 자신을 길을 걷고, 언제든 모든 것에서 떠날 준비가 되어 있으며, 어떤 강요도 없이 스스로 자신의 운명과 그 몫에 순응하며 살아간다.

제4권

"너는 파도가 부딪혀도
굳건히 서 있는 바다 절벽과 같아야 한다.
몰아치는 파도를
오히려 고요히 가라앉게 해야 한다."

1.

　　내면의 정신이 본연의 자연스러운 상태로 있다면 세상에서 어떤 우발적인 사건이 일어나도 항상 유연하게 적응할 수 있다. 처음 의도한 것이 실현되지 않는다고 해도 자신의 힘으로 실행할 수 있는 것으로 궤도를 수정하고 그것에 적응하기 때문이다. 인간의 정신은 결코 어느 한 대상에 절대적으로 집착하거나 몰두하지 않는다. 무엇을 추구하고 무엇을 의도하더라도 언제나 예외와 여지를 생각하기 때문이다. 그래서 의도와 다르게 일이 전개된다고 해도, 결국은 그러한 상황조차 자신이 감수할 몫으로 포용한다. 인간의 정신은 마치 불꽃과도 같아서 때로는 앞에 놓인 장애물로 인해 진화되지만, 때로는 더 큰불로 일어나 앞에 놓인 장애물마저 자신의 먹잇감으로 삼켜 버린다. 그리고 자신의 몸집을 더욱 크고 강인한 불길로 확산시킨다.

2.

어떤 일도 경솔하게 행하지 말고, 체계 없이 임하지 마라. 모든 일을 가장 세심하고 정교한 원칙에 따라 행하라.

3.

사람들은 시골 마을이나 바닷가, 산 깊은 곳에서 자신만의 은신처를 찾는다. 너 역시 때때로 그러한 장소를 갈망하지 않는가. 하지만 그러한 마음은 대체로 최고의 단순함에 대한 갈망이라는 사실을 알아야 한다. 언제든 원한다면 너는 너 자신에게로 물러나 휴식을 취할 수 있고, 번잡한 세상일에서 벗어날 수 있다. 사람들이 물러나 앉을 장소는 자신의 영혼 외에는 없다. 내면에 미리 준비된 것이 있어 스스로 그곳으로 돌아가 준비된 것들을 바라보고 온전한 평온과 안식을 얻는 자들은 더욱 그러하다. 이때의 평온이란 모든 혼란과 소음으로부터 자유로운 정갈하고 질서 있는 상태를 말한다. 그러므로 너는 끊임없이 자신에게 내적 쉼을 허락해야 하고, 이를 통해 자신을 새롭게 해야 하고, 스스로를 회복해야 한다. 마음에 준비할 것들은 단순하고도 소중한 것이어야 한다. 떠올리자마자 영혼이 정화되는 것이어야 하며, 짧은 퇴거의 시간 후 기꺼이 일상으로 복귀할 수 있도록 하는 것이어야 한다. 지금 너를 힘들게 하는 것은 무엇인가? 인간의 사악함인가? 하나의 명백한 사실을 되새겨 보라. 모든 이성적인 존재는 서로를 위해 존재한다는 것을. 서로를 포용하는 것이 정의의 일부라는 사실을. 때로 잘못을 범하지만 그것은 본연의 의지가 아니라는 사실을. 한때 서로 적대시하고 의심하고 미워하며 싸우던 이들 중 얼마나 많은 이가 이미 오래전에 죽어 흙으로 돌아갔는가? 이제 너도 그러한 마음을 끝낼 때가 되지 않았는가. 세상에서 벌어지는 수많은 우연들 가운데 네게 주어진 특별한 몫과 운명에만 불만을 가질 수 있는가? 그것이 신의 섭리든, 데모크리토스의 원자론이든, 우리가 사는 세상은 하나의 거대한 도시와도 같음을 증명하는 모든 논증을 떠올려 본다면 말이다. 또한 너의 신체를 생각해 보자. 무엇을 두려워해야 하는가? 정신을 가다듬고 자신의 능력을 믿는다면 삶의 풍경들이 부드럽고 온화하든 거칠고 고통스럽든 너의 마음과 이성은 거기에 얽매일 필요가 없다. 심지어 그것과 전혀 무관한 상태에 있다는 사실을 알게 될 것이다. 고통이나 쾌락에 대해 네가 들어 왔고 동의했던 모든 관념도 마찬가지다. 너의 명예와 평판이 너를 고통스럽게 할 수 있다고 생각하는가? 자신의 삶을 돌아보고 모든 것이 얼마나 빨리 잊히는지 생각해 보라. 네 삶이 있기 전의 무한한 시간과, 네 삶이 지나간 후의 영원한 혼돈을 생각해도 그러한가? 사람들의 헛된 칭송과 주장의 변덕스러움과 유한하고 제한된 대지와 공간을 생각해 보라. 세상은 단지 한 점에 불과하고, 사람이 사는 곳은 더욱 좁은 조각에 불과하니, 그중에서 너를 칭송할 사람은 얼마나 적은가? 그들은 어떤 사람들일 것인가? 그렇다면 남는 것은 무엇인가? 우리는 자신의 내면 공간으로 이따금 물러나 어떤 혼란에도 휩쓸리지 않도록 자신을 지켜야 한다. 어떤 일에도 지나치게 몰두하지 말고, 어떤 현상도 자유로운 마음으로 바라보라. 덕성을 실현하고자 하는 사람으로서, 온화하고 조화로운 본성을 가진 사람으로서, 한 사람의 시민으로서, 그리고 필멸의 존재로서 말이다. 자신의 내면으로 물러나 세상을 올바로 바라보기 위해서는 두 가지 분명한 사실을 명심해야 한다. 첫째, 어떤 사물과 대상도 우리 영혼에 직접적인 영향을 미치지 못한다. 그것들은 그저 밖에서 고요히 머물 뿐이다. 둘째, 모든 문제와 혼란은 내면의 혼돈과 방황에서 비롯된다. 다음으로 기억해야 할 것은, 지금 네가 바라보는 모든 것은 아주 짧은 시간 안에 변하고 사라질 것이라는 점이다. 네가 살아온 시간 동안 목격한 변화무쌍한 세상을 생각해 보라. 세상은 변화 그 자체이고, 인간의 삶은 각자의 주장일 뿐이다.

4.

이해하고 이성적으로 행동하는 능력이 인간의 공통된 특성이라면, 우리가 이성을 가진 존재라는 것은 분명한 사실이다. 만일 그 이성이 보편적이라면, 무엇을 해야 하고 무엇을 하지 말아야 하는지 규정하는 그 이성 또한 모두가 공유하고 있을 것이다. 그렇다면 그것은 곧 법이 된다. 법 안에서 우리는 동등한 시민이다. 그러므로 우리는 하나의 공동체이고 같은 길을 가는 동반자다. 이러한 관점에서 세상은 하나의 도시라고 일컬을 만하다. 모든 사람이 구성원이 되는 전혀 다른 공동체가 존재할 수 있을까? 이 공유된 도시에서 우리는 이성과 이해와 법을 향유한다. 그렇지 않다면 우리는 어디에 속한 존재들일까? 내 안에 있는 흙의 성분은 공유된 흙에서 왔고, 수분 역시 나누어 가진 성분이다. 내 호흡과 생명은 태초의 근원에서 왔고, 건조하거나 타오르는 성질 또한 그러하다. 모든 것은 어떤 근원에서 비롯됐으며, 그 가운데 어떤 것도 완전한 무로 돌아가지 않는다. 그러므로 내가 가진 사유 또한 공통된 어떤 근원에서 비롯됐다.

5.

탄생이 그러하듯, 죽음 또한 자연의 지혜가 담긴 신비다. 죽음은 결합된 원소들이 각각의 원소로 해체되는 일이며, 이는 누구도 부끄러워할 필요가 없는 자연 현상이다. 합리적인 존재가 겪는 일련의 필연이자 필연적 결과이며, 인간의 자연적이고 본래적인 구성 원리에 부합하는 일이다.

6.

이러저러한 일들은 이러저러한 원인들로 인해 반드시 벌어진다. 그러지 않기를 바라는 사람은 마치 무화과나무가 수액이나 수분 없이 자라기를 바라는 것과 같다. 요컨대, 이것을 기억하라. 매우 짧은 시간 속에 너와 그들 모두는 죽을 것이며, 조금 더 시간이 지나면 너희의 이름과 기억조차 흔적 없이 사라질 것이다.

7.

주장을 거두면 누구도 자신이 그르다고 생각하지 않을

것이다. 그른 사람이 없으면 그르다는 말은 더 이상 존재하지 않을 것이다. 사람을 본질적으로 나쁘게 만들지 않는 것은 그의 삶을 나쁘게 만들 수 없으며, 내적으로나 외적으로나 그를 해칠 수 없다. 이것은 자연의 이치에 따라 반드시 그래야만 하는 필요조건이다.

8.

세상의 모든 일은 정당한 원칙에 의거해 벌어진다. 네가 세상을 깊이 살핀다면 그 원리를 알 수 있을 것이다. 나는 이것이 단지 필연적이고 질서 정연한 인과의 연속일 뿐 아니라, 정의와 공정이 발현되는 가운데서 모든 것이 진정한 가치를 구현해 가는 모습이라고 주장한다. 지금까지 그랬던 것처럼 이 원리를 기억하기 바란다. 그리고 무엇을 하든, 선이라는 말이 올바르게 이해되는 한, 선한 사람이 나아가는 길로 나아가기 바란다. 모든 행위를 살펴 이를 실천해야 한다.

9.

너를 모욕하는 자의 입장에서 생각하지 말고, 네가 그렇게 생각하기를 바라는 타인의 입장에서 생각하지 마라. 문제 자체를 살피고 그것이 정말로 무엇인지 숙고하라.

10.

언제나 두 가지 원칙을 마음에 두어야 한다. 첫째, 고귀하고 존엄한 이성의 명령이라고 할지라도 그것이 사람들에게 선과 유익이 되지 않는다면 어떠한 일도 행하지 마라. 둘째, 만일 주변의 누군가가 너의 잘못된 생각을 지적하거나 잘못된 신념을 바로잡으려 한다면, 언제든, 그리고 기꺼이 그 생각을 바꿀 준비를 하라. 그러한 회심回心은 쾌락이나 명예와 같은 개인적인 이익이 아닌, 정의와 공의를 증진시키는 명백하고 타당한 목표를 지향하는 행위여야 한다.

11.

네 안에 이성이 있는가? 물론이다. 그렇다면 왜 그것을 사용하지 않는가? 만일 네 이성이 주어진 역할을 다한다면, 더 이상 무엇을 바랄 수 있을까?

12.

지금껏 너는 자신이라는 하나의 개별 존재로 살아왔다. 하지만 죽을 때는 너를 처음 창조한 분의 공통된 본질이 되어 사라질 것이다. 혹은, 정확히 말해서 세상 모든 것이 유출되고 확산된 원초적인 이성적 실체로 돌아갈 것이다. 그것은 마치 여러 조각의 유향이 같은 제단 위에 놓이는 모습과도 같다. 하나가 먼저 재가 되어 사라지면, 다른 하나는 조금 늦게 연기로 사라진다. 결국 모든 것은 하나로 돌아간다.

13.

만일 네가 이성을 따른다는 원칙을 지키고 이성을 존중하는 정도를 걷는다면, 지금 너를 짐승이나 원숭이처럼 여기는 이들도 열흘 안에 너를 신과 같은 존재로 여기고 존경하게 될 것이다.

14.

수천 년을 살아갈 것처럼 행동하지 마라. 죽음은 네 머리 위에 드리워져 있다. 살아 있는 동안, 그리고 할 수 있는 동안, 선한 사람으로 살아라.

15.

이웃이 무엇을 말하고, 무엇을 행하고, 무엇을 꾸미는지 과도하게 궁금해하지 마라. 오직 자신이 무엇을 하고 있는지 살피는 사람, 그래서 자신의 일을 거룩하고 정의롭게 이행하고자 힘쓰는 사람은 얼마나 많은 시간과 여유를 갖게 될까? 아가토스*Agathos*(선함을 상징하는 가상의 인물로 추정됨)의 표현을 빌리자면, 다른 이의 상황을 두리번거리는 대신 어떤 혼란과 방황도 필요 없는 정도를 따라 나아가면 된다.

16.

명예와 평판을 탐하는 이들은 죽은 후에도 이것을 깨닫지 못하리니, 그를 기억하는 사람조차 오래지 않아 죽을 것이며, 그 기억을 전해 듣는 사람 역시 예외 없이 죽을 것이다. 그렇게 해서 결국 누군가의 명예와 평판은 이어지는 죽음 가운데 겨우 유지되다가 종국에는 모두의 기억에서 완전히 사라질 것이다. 그런데 너를 기억하는 사람들과 그들의 머릿속에 남은 기억이 영원하다고 가정해도, 그것이 네게 무슨 의미가 있는가? 네가 죽은 뒤의 일이 아니라 살아 있는 동안의 일이라고 해도, 그것이 네게 무슨 의미가 있는가? 정치인들이라면 오이코노미아$oikovoμίαν$, 즉 섭리나 원칙이라고 부르는 전략적인 가치를 추구할 수도 있을 것이다. 그러한 가치가 자연의 선물이라고 하더라도, 그에 대해 제기할 수 있는 반론은 지금의 논의에서 부적절하니 이 이상의 언급은 생략하고자 한다. 어떤 것이든 아름답고 훌륭한 것이 있다면, 혹은 어떤 면에서든 그것이 그렇게 여겨진다면, 그것은 그 자체로 그러한 것이고 스스로 완결된 존재다. 칭찬은 그 일부나 요소로 포함되지 않는다. 칭찬으로 인해 어떤 것이 더 좋아지거나 더 나빠지지도 않는다. 일반적으로 아름답고 훌륭하다고 여겨지는 것들, 즉 본질 자체가 훌륭하고 뛰어나서 칭송받는 것들도 모두 마찬가지다. 진정으로 선한 것이라면 그것이 정의와 진실과 온화함과 겸손 이상의 무엇이 필요할까? 이러한 덕목들이 남들의 칭찬을 받아야만 비로소 선하고 아름다워지는 것일까? 남들의 칭찬을 받지 못하면 본래의 가치가 퇴색되는 것일까? 에메랄드가 칭찬을 받지 않는다고 해서 본래의 가치를 잃고 비루한 물건이 될까? 금과 상아와 진귀한 염료는 어떠한가? 심지어 흔히 보이는 검劍과 꽃과 나무 같은 것들도 그러할까?

17.

믿지 않는 이들이 질문한다. 죽음 이후에도 영혼이 남아 있다면, 저 하늘은 태초부터 영원까지 있어 온 많은 영혼들을 어떻게 전부 담을 수 있을까? 나는 이렇게 질문한다. 이 땅은 유구한 세월 동안 스러져 간 시신을 어떻게 전부 담을 수 있었을까? 죽음 이후의 영혼은 공기에 섞인 뒤 일정 시간 동안 머물다가 변형되고 융합되고 연소되어 만물이 시작된 원초적이고 이성적인 본질로 되돌아간다. 이를 통해 이전 육체와 결합되고 관여된 영혼들이 새로운 개체로 존재할 자리가 마련된다. 즉, 죽음을 맞이한 영혼이 일정 기간만 독립적으로 존재한다고 가정하면 그 질문에 답할 수 있다. 땅속에 매장하는 수많은 시신 외에도, 인간과 동물이 제각기 섭취하는 무수히 많은 피식자들이 있다. 수많은 짐승들이 매일 소비되고 포식자의 몸속으로 흡수되는 것처럼 보이지만, 그럼에도 불구하고 유한한 삶의 공간이 일정하게 유지되는 것은, 그것들의 일부는 혈액으로, 일부는 공기와 불로 전환되기 때문이다. 이러한 문제를 통해 진리를 탐구하는 이유는 무엇인가? 사물을 수동적이고 질료*material*적인 것과, 능동적이고 형식*formal*적인 것으로 구분해 보고자 함이다.

18.

나아가는 길에서 흔들리지 마라. 어떤 충동과 욕구에 대해서도 의義를 지향하라. 자신에게서 떠오르는 모든 생각이 진실하고 자연스럽게 발현되도록 노력하라.

19.

오, 세상이여. 너에게 유익한 것은 나에게도 유익하고, 너에게 적절한 것은 나에게도 너무 빠르거나 늦지 않구나. 너의 계절이 가져오는 모든 것은 언제나 나의 열매와 행복과 성장이 된다. 오, 자연이여! 모든 것은 너에게서 나오고, 모든 것은 네 안에 존재하며, 모든 것은 너를 향해 나아가는구나. 시인은 "케크롭스*Cecrops*(아테네의 전설적인 왕)의 사랑스러운 도시여."라고 노래했으니, 너 또한 "오, 신이 섭리하는 사랑스러운 도시여!"라고 말해야 하지 않겠는가?

20.

사람들은 말한다. 즐겁게 살고 싶다면 너무 많은 일에 관여하지 말라고. 사람의 이성은 사회생활에 적합하도록 만들어졌고, 그 이성의 인도에 따라 필요하고 적절한 행동으로 자신을 다스리는 것보다 더 나은 삶은 없다고. 그것은 그 자체로 선한 기쁨일 뿐 아니라, 삶의 단순함이 주는 기쁨이기도 하다. 우리가 말하거나 행하는 일의 대부분이 불필요한 것임을 고려할 때, 삶이 단순해진다면 여유를 얻고 번거로움을 덜게 된다. 그러므로 우리는 어떤 행동에 나설 때 조용히 이렇게 자문해야 한다. '지금 내가 하려는 일이 불필요한 행동이 아닐까?' 우리는 단순히 행동을 절제하는 데 그치지 말고, 생각과 공상도 절제해야 한다. 그래야만 불필요한 행동을 인식하고 예방할 수 있다.

21.

선한 사람은 세상에 만연한 우연과 변화 속에서 자신에게 주어진 몫에 만족할 뿐 아니라, 오늘의 삶으로 의를 실천하고 내일의 삶으로 선을 지향하는 믿음에 자족한다. 이러한 삶이 너 자신과 얼마나 어울리는지 실행해 보라. 이미 다른 삶을 경험한 너는 그러한 삶을 시도해도 좋으리라. 더 이상 자신을 고통스럽게 하지 말고, 온전한 단순함으로 스스로를 인도하라. 누군가 잘못을 저질렀는가? 그가 잘못한 것은 그 자신에 대해서이다. 그것이 왜 너를 고통스럽게 하는가? 어떤 일이 벌어졌는가? 무엇이든 상관없다. 그것은 세상에 만연한 우연 속에서, 처음부터 다른 모든 일과 함께 벌어질 것으로 예정된 것이다. 이 모든 이야기를 몇 마디로 요약한다면, 우리의 삶은 짧다. 그러므로 우리는 최선의 분별과 지혜로 주어진 시간을 사용해야 한다. 절제를 통해 시간을 향유해야 한다.

22.

세상이 질서 있고 조화로운 세계*κόσμος*라면, 모든 것이 일정한 질서에 따라 움직이고 다스려지는 아름다운 모습일 것이다. 혹은 다소 혼란스럽더라도 여전히 조화로운 모습일 것이다. 너 자신의 내면에만 아름다움이 존재하고,

외부의 세상에는 혼란과 무질서만 횡행하는 일이 가능할까? 세상의 모든 존재는 본성에 따라 각기 다른 특성을 가지며, 이를 통해 서로 구분된다. 그럼에도 불구하고 모든 것들은 본질적인 연대감에 의해 서로 연결되고 하나로 확장되는 것이 아니겠는가?

23.

세상에는 어둡고 사악한 모습이 있다. 유약하거나 과격한 모습도 있다. 잔인하고 비인간적이고 비겁하고 유치하고 고집 세고 거짓되고 천박하고 사기꾼 같고 폭군 같은 모습도 있다. 그렇지 않겠는가? 이러한 것들을 알지 못하는 사람이 이방인이라면, 이러한 것들에 놀라는 사람도 이방인이지 않겠는가?

24.

진정한 이방인은 인간을 사회적인 존재로 만드는 이성을 거부하는 사람이다. 이성의 눈으로 세상을 보지 않는 사람은 눈먼 사람이다. 삶에 필요한 것을 스스로 가지지 못하고 다른 사람의 도움을 요구하는 사람은 가난한 사람이다. 자신에게 닥치는 일에 불만을 품고, 자연의 합리적인 질서에서 벗어나고자 행동하는 사람은 세상의 종양과도 같은 자다. 그 일은 너를 처음 세상에 데려온 동일한 자연이 너에게 부여한 것이다. 그러니 그것이 무엇이든, 비합리적인 행위를 통해 자신의 영혼을 모든 이성이 공유하는 공통의 영혼으로부터 분리시키는 사람은 도시 공동체에서 분열을 꾀하는 자일 뿐이다.

25.

어떤 사람은 옷이 없고 책이 없어도 철학을 실천한다. 누군가 말했다. "나는 반쯤 벌거벗었고 먹을 양식도 없지만, 그럼에도 이성을 떠나지 않는다."라고. 그렇다면 나는 이렇게 말해야 한다. "나는 훌륭한 가르침과 지식이라는 양식이 부족하지만, 그럼에도 이성을 떠나지 않는다."

26.

네가 어떤 일을 배우고 어떤 예술을 익혔든, 그것을 사랑하고 그것을 통해 위안을 얻도록 노력하라. 그리고 너와 너의 모든 것을 진심으로 신에게 의탁한 사람처럼 남은 생을 살아가라. 누구도 억압적으로 대하지 말고 누구에게도 노예처럼 굴종하지 마라.

27.

이를테면, 마음속으로 베스파시아누스*Vespasianus*(제국의 혼란을 수습한 로마 황제) 시대를 생각해 보라. 세상에 별다른 일은 없다. 어떤 이는 결혼하고, 어떤 이는 아이를 키우고, 어떤 이는 병들고, 어떤 이는 죽고, 어떤 이는 싸우고, 어떤 이는 잔치를 베풀고, 어떤 이는 물건을 팔고, 어떤 이는 농사를 짓고, 어떤 이는 아첨하고, 어떤 이는 과시하고, 어떤 이는 의심하고, 어떤 이는 음모를 꾸미고, 어떤 이는 죽기를 청하고, 어떤 이는 자신의 삶을 불평하고, 어떤 이는 구애하고, 어떤 이는 재물을 축적하고, 어떤 이는 관직을 물색하고, 어떤 이는 왕국을 추구한다. 그리고 그들의 시대는 완전히 지나가고 종말을 맞이하지 않았는가? 마찬가지로 트라야누스*Trajanus*(영토를 최대로 확장했던 로마 황제) 시대를 생각해 보라. 그곳에서 벌어진 일들도 이와 다르지 않다. 그 시대 또한 지나가고 더 이상 존재하지 않는다. 같은 식으로 모든 시대와 모든 민족의 시간을 생각해 보라. 얼마나 많은 이들이 힘을 다해 각자의 세속적인 일에 열망하고 몰두했는지, 그러나 곧 사라져 버리고 결국 자연의 일부로 돌아갔는지를 보라. 특히 살아 있는 동안 친분을 쌓았던 사람들을 떠올려 보라. 그들 또한 헛된 일들에 마음이 흔들렸고, 자기 본연의 성품이 요구하는 일들을 행하지 않았고, 주어진 삶에 충실히 뿌리내리고 살지 못했다. 그렇다면 기억해야 할 것은, 너는 모든 일을 수행하는 데 있어서 그 일의 본질을 이해하고 그에 적합한 모습으로 대응해야 한다는 것이다. 네가 사소한 일에 집착하지 않게 된다면, 쉽게 지치지 않을 것이고, 그로 인해 고통받지도 않을 것이다.

28.

과거에 흔하고 일상적이었던 말들이 오늘날 자취 없이 사라진 것처럼, 한때 널리 알려지고 유명했던 인물들도 지금은 희미하게 잊힌 이름이 되었다. 카밀루스, 카이소, 볼레수스, 레온나투스가 그랬다. 얼마 뒤에는 스키피오와 카토가 그랬고, 아우구스투스와 하드리아누스와 안토니누스 피우스도 마찬가지였다. 이들 모두는 시대의 물결에 흘러가 마치 먼 세상 이야기 같은 전설로 어른거리고 있다. 이마저도 한때 시대를 빛낸 경이로운 인물로 추앙받는 이들에 국한된다. 그렇지 못한 이들은 그들이 세상을 떠남과 동시에 모든 명성과 기억이 흩어져 버린다. 그렇다면 영원히 기억될 것은 무엇인가? 모든 것이 허무 위에 놓여 있다. 우리가 주시해야 하고 노력해야 할 것은 무엇인가? 오직 이것뿐이니, 생각과 의지가 의로워야 하고, 행위가 자비로워야 하고, 말을 헛되게 하지 말아야 하고, 이성이 오류에 빠지지 말아야 한다. 또한 마음을 다스려 주어지는 일을 운명적이고도 평범하고 익숙한 것으로 수용해야 한다. 그것은 너 자신과 세상 모든 것의 시작이자 근원에서 비롯된 일이기 때문이다. 그러므로 기꺼이 그 섭리와 운명에 너 자신을 맡겨 모든 것이 그 뜻대로 이루어지도록 하라.

29.

지금 존재하는 것, 일상의 경험들, 기억 속의 모든 것들, 그리고 생각과 기억 자체에 대해 깊이 생각해 보라. 모든 것은 변화 가운데 존재한다. 그러므로 이것을 생각하라. 우주의 본성은 존재하는 것을 변화시키고, 그와 닮은 다른 것을 만들어 내는 데서 가장 큰 기쁨을 느낀다는 것을. 만일 네가 생명체라면, 땅이나 자궁을 생명체를 받아들이기만 하는 존재로 생각해서는 안 된다. 그것은 너무도 단순한 생각이다.

30.

너는 이제 죽음을 앞둔 시점이 되었지만, 아직도 온전한 단순함에 이르지 못했다. 여전히 허다한 고통과 혼란에 사로잡혀 있고, 세상 일들에 대한 두려움과 의심에서 벗어나지 못하고 있다. 또한 사람이 마땅히 가져야 할 온화한 마음을 품지 못했으며, 학문과 지혜의 유일한 지향점인 의를 추구하는 태도 또한 갖지 못했다.

31.

사람들이 이성이라고 부르는 것이 어떤 것인지 살피고 생각하라. 그리고 많은 이들이 지혜롭다고 여기는 사람이 어떤 것을 피하고 두려워하며, 어떤 것을 추구하는지 보라.

32.

너의 악은 타인의 생각과 마음에 존재할 수 없다. 영혼의 외투나 거처에 불과한 너의 건강한 신체에도, 건강하지 않은 신체에도 마찬가지다. 그렇다면 그것은 어디에 존재하는가? 오직 악의 개념과 인식이 형성되는 네 안의 어떤 부분에만 존재한다. 그러므로 그 어떤 부분이 악의 개념을 받아들이지 않도록 하라. 그렇게 할 수 있다면 모든 일이 원만하게 해결될 것이다. 네 신체 일부가 잘리거나 불타거나 썩어 가는 고통을 겪는다고 해도, 네 일을 판단해야할 그 부분은 여전히 평온해야 한다. 이렇게 생각하라. 선한 사람에게도 악한 사람에게도 똑같이 벌어지는 일은 선도 아니고 악도 아니다. 자연에 따라 사는 사람에게도 그렇지 않은 사람에게도 똑같이 벌어지는 일은 자연에 따르는 것도 아니고 자연을 거스르는 것도 아니다. 따라서 그것은 선도 아니고 악도 아니다.

33.

세상을 하나의 영혼을 가진 살아 있는 실체라고 생각하라. 모든 것은 하나의 감각적 힘으로 귀결되고, 그 힘은 동일한 영혼의 총체적인 사유와 움직임에서 비롯된다는 것을 생각하라. 또한 모든 것이 어떻게 서로에 대한 원인이 되며, 모든 것이 어떻게 서로 연결되어 수많은 연쇄 작용을 일으키는지 생각하라.

34.

에픽테토스가 일갈한 것처럼, 너에게서 우월하고 신성한 부분을 제외한다면 너는 무엇인가? 단지 육신이라는 껍질을 이리저리 데리고 다니는 불쌍한 존재일 뿐이다.

35.

변하는 것이 나쁜 것은 아니지만, 그것을 통해 어떤 이익을 취할 수 있는 것도 아니다. 우리가 마주하는 시대와 그 시간은 마치 홍수의 격랑과도 같아서, 세상의 모든 것을 휩쓸고 지나간다. 무언가 나타났다 사라지면, 또 다른 것이 뒤따르고, 그 또한 이내 사라질 것이다.

36.

세상에서 벌어지는 모든 일은 봄에 장미가 피고 여름에 과실이 맺히는 것처럼 평범하고 무심한 것이다. 질병과 죽음, 음모와 비방, 그리고 어리석은 이들이 기쁨과 슬픔으로 느끼는 모든 것들도 마찬가지다. 장차 일어날 모든 일도 과거에 있었던 일처럼 평범하고 무심하게 이어질 것이다. 세상을 단순히 필연적인 사건들이 산개한 느슨하고 독립적인 집합으로 여겨서는 안 된다. 세상은 질서와 조화를 통해 만들어진 사물들의 정교한 관계다. 세상 속에서 우리는 단순한 흐름이 아닌 놀라운 조화와 연결을 보아야 한다.

37.

헤라클레이토스의 말을 항상 기억하라. 흙이 죽어서 물이 되고, 물이 죽어서 공기가 되고, 공기가 죽어서 불이 된다. 그 반대도 마찬가지다. 길이 어디로 이어지는지 알지 못했다는 사람을 생각해 보라. 세상 모든 것은 이성에 의해 움직이고, 인간이 끊임없이 마주하는 것도 이성임에도 불구하고, 인간이 대체로 가장 많이 거부하는 것도 이성이라는 사실을 기억하라. 이성을 대하는 매일의 일이 여전히 낯설게 느껴지는 이유를 생각해 보라. 단순한 상상과 본능에 휩쓸리지 말고, 잠자는 사람처럼 말하고 행동하지도 마라. 스스로 말하고 행동한다고 생각하지만, 사실은 그렇지 않다는 것을 기억하라. 또한 우리는 아버지의 행위만 답습하는 어린아이가 되지 말아야 한다. 단지 그렇게 배웠다는 이유만으로 자신이 받아들인 것을 최선의 이성으로 간주해서도 안 된다.

38.

만일 어떤 신이 나타나 네가 내일이나 모레 반드시 죽을 것이라고 말해도, 네가 매우 저급하고 나약한 사람이 아니라면, 내일보다 모레 죽는 것이 더 이익이라고 생각하지 않을 것이다. 그 죽음에 무슨 차이가 있겠는가! 그러므로 같은 이유로, 내일이 아니라 몇 년 후에 죽는다고 해도 문제 될 것은 아무것도 없다.

39.

마음에 깊이 새겨 보라. 환자들에게 인상을 쓰고 표정을 일그러뜨리던 수많은 의사들도 죽어서 세상을 떠났다는 것을. 다른 사람의 죽음을 경고하고 예언했던 수많은 점성가들과, 불멸과 죽음에 관해 방대한 책과 기록을 남긴 위대한 철학자들과, 헤아릴 수 없이 많은 사람을 죽이고 해한 뒤 자신도 삶을 마감한 용감한 장군과 지휘관들, 그리고 영원히 살 것처럼 타인의 생명을 해치고 권력을 남용했던 수많은 폭군과 정치인들을 기억하라. 심지어 도시 전체와 함께 사라져 버린 이들도 있다. 헬리케*Helice*, 폼페이 *Pompeii*, 헤르쿨라네움*Herculaneum*에 살던 이들, 그리고 그 밖의 수많은 사람들이 이미 죽어서 모습을 감추었다. 네가 살아오는 동안 차례차례 세상을 떠난 모든 이들을 생각해 보라. 어떤 이는 다른 이의 장례를 도왔고, 곧이어 자신도 망자의 뒤를 따랐다. 이 사람도 떠났고 저 사람도 떠났으며, 모든 것이 짧은 시간 속에 사라져 갔다. 가장 중요한 것은, 모든 세속적인 것을 하루만 지속되는 존재로 여기고, 그 가치를 가장 비천하고 하찮게 여기는 마음가짐이다. 예를 들어, 사람은 무엇인가? 얼마 전까지만 해도 그저 하찮은 핏덩이였고, 얼마 뒤에는 방부 처리된 시체나 허망한 재가 될 것이다. 그러므로 우리는 진실과 섭리에 따라 깊이 생각해야 한다. 인간의 삶은 단지 짧은 순간에 불과하며, 이 사실을 받아들이고 너그럽고 충만한 마음으로 생을 마무리해야 한다. 마치 농익은 올리브가 땅으로 떨어지면서 자신을 품었던 토양에 애정을 주고, 자신을 낳아 준 나무에 감사하듯 말이다.

40.

너는 파도가 쉴 새 없이 부딪혀도 굳건히 서 있는 바다 절벽과 같아야 한다. 그래서 몰아치는 파도를 오히려 고요히 가라앉게 해야 한다.

41.

오, 불행하구나! 이런 일이 내게 벌어지다니! 이렇게 말할 필요 없다. 이렇게 생각해 보라. 오, 행복하구나! 이런 일이 벌어졌는데도 슬픔에 빠지지 않고, 상처받지 않고, 장차의 일에 대한 두려움 없이 살아갈 수 있구나! 이러한 일은 누구에게나 벌어지지만 이런 일을 겪고도 슬픔 없이 살아갈 수 있는 사람은 많지 않다. 그렇다면 이 일이 왜 행복인가? 인간이여! 인간의 본성에 불운이 아닌 것을 어떻게 불행이라고 부를 수 있겠는가? 인간 본성의 목적과 의지에 반하지 않는다면, 그것을 어떻게 불운이라고 부를 수 있겠는가? 네가 배운 인간 본연의 의지란 무엇인가? 네게 벌어진 일이 네가 추구하는 의를 방해하는가? 그 일이 온화해지고 절제하고 지혜로워지는 것을 방해하는가? 신중하고 진실하고 겸손하고 자유로워지는 것을 방해하는가? 혹은 인간의 본성에 적합한 것을 온전히 누리고 소유하면서 충만한 만족을 느끼게 하는 모든 것 중 어느 하나라도 방해하는가? 이야기를 다음과 같이 정리해 보자. 앞으로 모든 슬픔의 순간에 이 교훈을 기억하라. 네게 일어난 일은 그 자체로 결코 불행이 아니라는 사실을. 그리고 그것을 넉넉히 견디는 일이야말로 진정한 행복이라는 사실을.

42.

쉽고 단순하지만, 죽음에 대한 두려움을 극복하는 데 효과적인 방법이 있다. 저열하고 탐욕스럽지만 장수했던 누군가의 삶을 생각해 보는 일이 그것이다. 그가 일찍 죽음을 맞이한 이들보다 더 얻은 것이 무엇인가? 결국 그도 죽음을 맞이하지 않았던가? 카디키아누스, 파비우스, 율리아누스, 레피두스 같은 이들처럼, 생전에 많은 사람을 무덤으로 보냈지만 결국 자기 자신도 무덤에 묻힌 이들 말이다. 우리 삶이 지속되는 시간은 매우 짧다. 그 짧은 시간조차 얼마나 많은 고뇌와 헤아릴 수 없는 고통 속에서, 비루한 육신을 이끌고 삶을 영위해야 하는가! 그러므로 모든 것을 너에게 전혀 중요하지 않은 일로 여겨라. 지나간 삶을 돌아보라. 그러면 무한한 시간의 심연이 들여다보일 것이다. 다가올 삶을 내다보아라. 그러면 무한한 혼돈의 심연이 펼쳐질 것이다. 그처럼 무한한 시간 속에서 사흘을 사는 것과 세 세대를 사는 것에 어떤 차이가 있겠는가?

43.

너의 행보는 언제나 가장 간결한 것이어야 한다. 그리고 가장 간결한 것은 자연에 따르는 것이다. 즉, 말과 행동으로 가장 건전하고 자연스러운 것을 따르는 것이다. 이러한 용기는 우리를 모든 고난과 갈등과 위선과 허영으로부터 해방시켜 줄 것이다.

제5권

MEDITATIONS
MARCUS AURELIUS

"세상의 온갖 번잡하고
소란스러운 상상을 떨쳐 내고
지금과 같은 완전한 평화와
고요 속에 머무는 일은 얼마나 쉬운가!"

1.

아침에 몸을 일으키고 싶지 않을 때 즉시 이렇게 생각해 보라. 나는 인간에게 주어진 역할을 이행하기 위해 일어날 뿐이라고. 내가 태어나 세상에 던져진 이유를 이행하는 것이 싫단 말인가? 따뜻한 침대에 누워 몸을 편안히 하는 일이 내가 태어난 이유란 말인가? 나는 단지 쾌락을 즐기기 위해 태어난 것인가? 정말로 내가 태어난 이유는 열심히 움직여 뭔가를 해 보기 위해서가 아니었는가? 풀과 나무는 물론 참새, 개미, 거미, 벌 등 세상의 모든 것들이 조화로운 우주의 질서 속에서 각자의 형상에 따라 주어진 일을 행하는 모습이 보이지 않는가? 그런데 나는 인간으로서 해야 할 일을 하지 않으려 하는가? 내 본성이 요구하는 일을 향해 나아가지 않으려 하는가? 물론 사람에게는 휴식이 필요하다. 정말로 그러하다. 자연은 먹고 마시는 일 못지않게 휴식에 대해서도 일정한 시간을 허락했다. 하지만 나는 허용된 것 이상의 과도한 몫을 누리고 있다. 그리고 이행할 책임의 최저치에도 이르지 못하고 있다. 그것은 내가 나 자신을 사랑하지 않는다는 뜻이다. 내가 만일 자신을 사랑한다면 나의 본성도 사랑할 것이고, 나의 본성에 맡겨진 삶의 목적 또한 사랑할 것이기 때문이다. 어떤 이들은 자신의 일과 책무에 즐거움을 느끼고 거기에 몰두한 나머지 식사를 거르고 몸을 사리지 않는다. 그런데 나는 보통의 직업인과 뛰어난 무용수가 자신의 일에 쏟는 정성만큼도 본성을 돌보지 않으려 하는가? 욕심 가득한 사람이 돈과 허영심과 박수갈채를 위해 노력하는 것보다도 자신의 본성을 돌보지 않으려 하는가? 사람들은 자신이 아끼는 물건을 위해서 먹고 마시고 잠자는 일 따위는 기꺼이 포기한다. 그런데 세상의 공익을 위해 필요한 행동이 나에게는 하찮은 것이고, 무시하거나 소홀히 다뤄도 되는 것이라고 생각하는가?

2.

세상의 온갖 번잡하고 소란스러운 상상을 떨쳐 내고 지금과 같은 완전한 평화와 고요 속에 머무는 일은 얼마나 쉬운가!

3.

스스로 자연의 섭리를 말하고 이행할 자격이 있다고 생각하라. 스스로 그럴 가치가 있는 사람이라고 생각하라. 그리고 그로 인해 발생할 수 있는 비난이나 소문에 관심 갖지 마라. 그것이 올바른 일일 뿐 아니라 정당하게 말하고 행동해야 하는 것이라면 결코 몸을 낮추거나 용기를 잃어서는 안 된다. 다른 사람에게도 그들 각자의 이성이 작용하는 원리와 성향이 있으니 그것에 신경 쓰거나 주의를 기울이지 말고, 너의 본성과 자연의 섭리가 이끄는 대로 곧장 나아가라. 그 다른 길들도 결국 하나일 뿐이다.

4.

자연에 귀의함으로써 나는 나의 길을 간다. 그러다가 쓰러지면 전 생애 동안 들이마신 공기를 마지막 호흡으로 돌려주리라. 내가 쓰러지는 땅은 아버지가 씨앗을 뿌리고, 어머니가 자손을 낳고, 내가 의지해 생활한 유모가 젖을 언은 물과 음료를 생산한 곳이다. 그 땅은 내가 걷고, 밟고, 때로는 갈아엎고, 때로는 여러 목적으로 활용해도 묵묵히 나를 견뎌 준 곳이다.

5.

네가 아무리 화려하고 예리한 언변을 구사한다고 해도 너를 존경하지 않을 사람은 많다. 어떤 능력이든 완벽한 모습을 보이는 것은 불가능하기 때문이다. 하지만 그렇다고 해서 능력이 부족하다고 변명할 필요는 없다. 다른 능력들로 얼마든지 보완할 수 있기 때문이다. 성실함, 진중함, 근면함, 쾌락을 다스리는 마음, 불평하지 않는 태도, 작은 것에 만족하는 태도, 온화함, 자유로움 등이 그것이다. 모든 집착을 피하고 번잡한 논변을 멀리하라. 관대하고 고결한 삶을 살아라. 타고난 성향이나 능력이 부족하다는 평계로 할 수 있는 일을 회피한 무수한 경우를 기억하는가? 그래서 스스로를 절망과 무기력함 속으로 몰아넣지는 않았는가? 혹은 이렇게 말하고 싶은가? 나는 타고난 성품이 부족하기 때문에 투덜대고, 비겁하게 행동하고, 비굴하게 아첨하고, 남을 비난하고, 몸이라도 만족시키기 위해 쾌락에 집착한다고. 마음대로 생각하고 생각이 줏대 없이 흔들리는 것이 모두 본성의 부족함 때문이라고 말하고 싶은가? 신들을 증인으로 세우고 말하건대, 그것은 거짓이다. 너는 이 모든 것으로부터 이미 오래전에 벗어날 수 있었다. 물론 조금 느리고 둔하다는 비판은 감수할 준비가 되어 있어야 한다. 너는 타고난 성향을 너무 심각하게 받아들이지 않아야 하고, 그 성향을 늘어놓기보다는 자신을 단련해야 한다.

6.

어떤 이는 타인에게 좋은 일을 한 뒤 그 성과를 기록하고 보상을 요구한다. 어떤 이는 보상을 요구하지 않더라도 상대방이 자신에게 빚졌다고 생각하며 스스로의 행적을 과시한다. 그런데 어떤 이는 자신이 그 일을 했다는 사실조차 기억하지 않는다. 그런 사람은 포도를 맺는 포도나무와 같아서, 자신의 열매를 맺으면 그것으로 만족하고 그 이상의 보상을 바라지 않는다. 경주를 마친 말이나 사냥을 끝낸 사냥개, 꿀을 모은 벌이 칭찬과 갈채를 기대하지 않듯, 자신의 본성을 올바르게 이해하는 사람은 선행을 한 뒤에도 칭찬을 바라지 않는다. 포도나무가 제철 열매를 맺으면 또 다른 계절을 준비하듯, 그런 사람은 한 가지 선행을 한 뒤 다른 선행으로 나아간다. 그러므로 너 또한 그들과 같은 모습으로 살아가야 한다. 자신이 할 일을 그저 이

행하면 그뿐, 더 이상의 다른 생각은 하지 말고, 자신이 한 일도 무심한 시선으로 넘겨야 한다. 하지만 이렇게 반박하는 이들도 있을 것이다. 인간은 이성적인 존재이기 때문에 자신이 행하는 일의 의미를 알아야 한다고. 또한 인간은 사회적인 존재이기 때문에 자신이 행하는 일의 사회적 의미를 찾아야 하고, 사회적 행위의 당사자인 상대방에게도 그 의미를 이해시켜야 한다고. 내 대답은 이것이니, 그 말이 틀리지는 않지만, 문제의 본질을 올바로 파악한 것은 아니다. 너는 앞에서 말한 첫 번째 부류에 속한 사람이다. 상대방 또한 그럴듯한 논리에 이끌려 행동하게 될 뿐이다. 그러므로 네가 만일 어떤 행위의 본질을 제대로 구현하고자 한다면, 특정 사회적 의미를 표현한다는 이유로 행하기를 두려워해서는 안 된다.

7.

아테네인들의 기도문은 다음과 같다. '오, 비를 내려 주소서, 선하신 제우스여. 아테네인들의 모든 땅과 들판에 비를 내려 주소서.' 우리는 기도를 하지 않을지언정, 하고자 한다면 이렇게 절대적으로 자유로운 마음으로 기도해야 한다. 또한 자기 자신만을 위해 기도하는 것이 아니라, 우리 모두를 위해 기도해야 한다.

Marcus Aurelius

8.

　사람들은 말한다. 의사가 어떤 이에게는 말을 타라고 처방하고, 다른 이에게는 냉탕 목욕을 처방하고, 또 다른 이에게는 맨발로 걸을 것을 처방한다고. 우주의 본성도 마찬가지여서, 어떤 이에게는 질병을 처방하고, 다른 이에게는 실명이나 신체의 손실을 처방하고, 또 다른 이에게는 물질적인 상실을 처방한다. 의사의 처방을 보는 우리는 그가 건강한 신체를 위해 구체적인 사항을 지시했다고 생각한다. 마찬가지로, 우리에게 일어나는 모든 일은 운명이 우리 각자에게 지시한 것이다. 그래서 우리는 이런 일들이 각자에게 '맞다συμβαίνειν'고 표현한다. 예를 들어, 벽이나 피라미드에서 네모난 돌들이 특정 위치에 적합하고 조화롭다면 석공들은 그것을 보고 '들어맞는다.'라고 말한다. 그것은 '전체적으로 조화를 이룬다.' 하고 말하는 것과 같다. 요컨대, 개별적인 것들도 서로 다양한 조화를 이루지만 그 조화와 균형은 하나의 모습을 지향한다. 각각의 개별적인 몸체들이 모여 거대하고 완전한 하나의 세상을 이루듯, 각각의 원인과 사건은 총체적인 운명으로 통합되며, 그 본질은 개별적인 원인들과 동일하다. 이러한 생각은 가장 무지한 자들도 이해하는 것이니, 누구나 다음과 같이 되뇌곤 하지 않는가. '이것은 운명이 허락한 일이다τοῦτο ἔφερεν αὐτῷ.'

모든 것은 운명에 의해 특별하고도 구체적으로 주어진 것이며, 그것은 마치 의사가 구체적인 상황을 처방한 것과 같다. 그러므로 우리는 의사의 처방을 받아들이듯, 세상일도 그 같은 마음으로 이행해야 한다. 의사의 처방을 납득하지 못할 수도 있지만, 우리는 건강과 회복을 기대하며 그것을 받아들인다. 건강이 회복되는 모습을 우리가 몸담은 자연의 섭리가 이루어지고 완성되는 일부로 느끼기 때문이다. 그러므로 어떤 일이 일어나든, 비록 고통스럽고 불쾌해도, 그것이 우주의 안녕과 평안 그리고 제우스의 행복과 번영에 이바지한다고 생각하며 기꺼이 받아들여라. 그 일이 우주의 선에 합당하지 않다면 결코 일어나지 않았을 것이기 때문이다. 어떤 개별적인 자연도 자신이 섭리하고 다스리는 영역 내에서 조화롭고 적합하지 않은 일을 허락하지 않는다. 너에게 일어나는 모든 일을 기꺼이 받아들여야 하는 두 가지 이유를 생각해 보자. 첫째, 그것은 너를 위해 처방된 것이고 너에게 합당한 것으로 만들어졌다. 그것은 최초의 원인으로부터 지속적으로 너와 연결되어 온 것이다. 둘째, 우주를 다스리는 존재의 존엄과 섭리와 선善, 그리고 그 존재의 지속이 어떤 방식으로든 너의 모든 일에 관여하기 때문이다. 전체는 전부이기 때문에 스스로 충만하고 온전하게 존재한다. 만일 네가 물건의 어떤 부분을

126

잘라 내어 전체와 일부의 연속성을 단절시킨다면 그것은 손상되고 훼손될 것이다. 분명한 사실은, 네가 어떤 일에 불만을 품는 것은 네가 가진 연결고리를 끊는 일이며, 심지어 그것을 강제로 훼손하는 일이라는 것이다.

9.

때로는 모든 일이 올바른 이치를 벗어나 불합리하고 그릇된 결과를 내놓지만, 그럼에도 불만을 품지 말고, 낙심하지 말고, 희망을 잃지 마라. 한번 도리를 벗어났다고 해도 다시 돌아오면 된다. 외적인 장애물이나 내적인 연약함이 길을 막는다고 해도, 그것은 인간이 마주하는 불가피한 숙명이라는 사실을 받아들여야 한다. 그러한 일들에 불만을 품지 말고, 오히려 네가 돌아갈 유일한 곳인 삶을 사랑하고 보살피기 바란다. 그것이 철학자의 삶이고 가장 바람직하고 합리적인 삶이다. 철학을 대할 때, 자유와 유흥을 즐긴 후 스승이나 학자에게 돌아가는 이들의 마음가짐을 갖지 마라. 눈이 아픈 사람이 해면과 계란을 찾고, 통증이 있는 사람이 습포와 찜질 약을 찾듯 하라. 이렇게 한다면 이성의 요구를 따르는 것이 결코 가식이 아니라, 오히려 위안과 평안이 될 것이다. 또한 철학은 당신에게 이성의 본성을 따르는 것 외에 아무것도 요구하지 않을 것이다. 당신 내면의 이성이 그 본성에 반하는 것을 원하겠는가? 당신은 본성에 따르는 것이 그것에 반하는 것보다 더 편안하고 기쁜 일이라는 것을 부정할 수 있는가? 많은 사람이 가장 편안하고 기쁜 일이 쾌락이라고 믿고 있지 않은가? 그러한 생각이야말로 서로에게 해악을 끼치고 사회에 파멸을 부르는 가장 강력한 요인이 아니던가? 깊이 생각해 보기 바란다. 관대함과 자유, 진실한 소박함, 마음의 평정, 그리고 거룩한 마음이야말로 그 무엇보다 따뜻하고 자애로운 덕목 아닌가? 분별력이란 무엇인가? 이성이 가진 지적 능력을 통해 모든 대상을 자애롭게 바라보고, 실수나 오류를 극복하며 살아가는 것이 무엇인지 스스로 생각해 본다면, 그보다 더 따뜻하고 아름다운 일이 또 있을까?

세상 사물들에 대해 말하자면, 그 본질은 너무도 모호하고 복잡해서 거리의 시정잡배가 아닌 수많은 철학자들조차 이해하기 어려운 대상일 수 있다. 심지어 스토아 학파 철학자들조차도 완전히 이해할 수 없는 것은 아니지만 매우 난해한 것이라고 보았다. 그러므로 우리의 모든 판단은 오류의 가능성을 포함하고 있다. 어느 누가 자신의 판단이 완전무결한 진리라고 주장할 수 있겠는가? 사물의 본질이 그러하다면 이제는 사물의 개체와 양상의 문제로 넘어가 보라. 그것들이 얼마나 일시적이고 하찮은 것인가. 모든 것은 부도덕하고 방탕한 사람, 평판이 나쁜 매춘부, 혹은 악명 높은 장군이나 독재자의 수중에도 들어갈 수 있는 것들이다. 심지어 네가 평소에 교류하는 사람들의 인품을 생각해 보라. 가장 사랑스럽고 아끼는 이들조차도 때로는 포용할 수 없는 부분이 있지 않은가. 하물며 우리가 스스로를 포용하는 일은 얼마나 어려운지 말할 필요도 없다. 이처럼 사물들은 난해하고 혼란스럽고, 물질과 시간은 끊임없이 변하며, 움직이는 모든 것들이 복잡하게 얽혀 있는 상황에서, 우리는 무엇을 부여잡고 그것을 각별한 애정으로 아끼고 존경하고 진지한 열정으로 추종할 수 있을까? 나의 경우에 그러한 대상은 상상조차 하기 어렵다. 그러한 대상을 상정하는 일은 그 자체로 모순된 일이기 때문이다.

10.

자신을 포용하며 살다가 자연스러운 떠남을 기대하되, 그 시기가 늦다고 해서 슬퍼하지 마라. 그 대신 다음의 두 가지 사실로 위안 삼기를 바란다. 첫째 우주의 본성에 어긋나는 일은 당신에게 일어나지 않을 것이라는 사실이다. 둘째, 당신은 자신 안에 있는 신성한 내면의 정신에 반하는 행동을 하지 않을 것이라는 사실이다. 누구도 당신이 자신을 거스르도록 강제할 수 없다.

11.

우리는 때때로, 그리고 모든 상황에서 이렇게 자문해야 한다. 지금 이 순간, 나는 내 영혼을 어떻게 사용하고 있는가? 지금 나의 이성에 해당하는 부분은 무엇을 하고 있는가? 지금 나는 어떤 영혼을 부리고 있는가? 어린아이의 영혼인가, 젊은이의 영혼인가, 여성의 영혼인가, 폭군의 영혼인가, 짐승의 영혼인가, 아니면 야수의 영혼인가?

12.

많은 사람이 선하다고 여기는 것들이 본질적으로 무엇인지는 다음과 같은 생각을 통해 알 수 있다. 만일 누군가 진정으로 선한 것들, 이를테면 분별과 절제, 정의와 용기 등을 들고 마음에 새긴다면 더 나은 가치를 찾아 헤맬 필요가 없다. 왜냐하면 '선하다'는 말은 언제나 적절한 가치이기 때문이다. 그런데 사람들은 저급한 이들이 재물과 쾌락과 명예에 대해 이야기하면 더욱 관심을 가진다. 그것은 그러한 이야기가 희극배우가 말하는 친숙하고도 사교적인 농담 같은 것이라는 사실을 알기 때문이다. 미덕이 좋다는 말에 대해서는 사람들이 불쾌해지도, 반론을 제기하지도 않는 반면, 부와 쾌락과 명예가 좋다는 말은 가벼운 농담으로 여기는 모습에서도 알 수 있다. 그러므로 이러한 생각까지 나아가 보라. 차고 넘치는 과도한 풍요 속에서 배설물을 처리할 작은 공간조차 가지지 못한 사람이 있었다는, 사람들의 박수와 조롱을 받는 무대 위 농담을 말이다. 그러한 모습이 진정으로 존중받거나 선한 것으로 받아들여져야 하는지 생각해 보라.

13.

나를 이루는 모든 것은 물질이거나 형식이다. 모든 것이 부패해도 이 두 가지를 없는 것으로 되돌릴 수 없다. 나는 무에서 유로 생겨난 존재가 아니기 때문이다. 나의 모든 신체는 변화하는 세계 속에서 특정 부분으로 자리 잡았지만, 시간이 지나면 또 다른 부분으로 바뀔 것이며, 이 과정은 무한히 반복된다. 이러한 변화 속에 지금의 내가 만들어졌으며, 이것은 나를 낳은 이들도 마찬가지고, 그들 이전의 조상도 그러했으며, 그렇게 끝없는 과거와 이어진다. 비록 세상에 나타나는 시대와 질서는 특정 시간의 한계에 국한되지만, 우리가 말할 수 있는 것은 이것이 전부이다.

14.

이성과 이성의 힘은 스스로를 충족시키며 고유한 작용을 통해 자신에게로 나아간다. 그 처음의 방향과 움직임은

자신에게서 비롯되지만, 그것의 행보는 나아가야 할 방향
과 목표를 향해 바르게 나아가며, 마치 자신 앞에 놓인 것
을 조절하듯 가능한 것부터 실행한다. 그것이 최초에 스
스로 설정한 목표든 아니든 상관없이 말이다. 때문에 이러
한 행보는 '성취*κατορθώσεις*'라는 단어로 표현될 수 있다. 즉
그 행위가 이루어지는 과정이 적절하고 올바르다는 뜻이
다. 우리는 인간에 속하지 않은 것을 인간에 속한 것이라
고 생각해서는 안 된다. 그 지향의 결과는 인간에게 필수
적인 것이 아니다. 인간의 본성은 그러한 것들을 탐하지
않는다. 그것의 최종 목적과 완성은 인간 각자의 본성과는
상관이 없다. 따라서 인간의 궁극적인 목적, 즉 그것을 통
해 목적이 충족되는 최고선*summum bonum*은 의도하고 계획

된 행동을 통해 완성되지 않는다. 다시 말해 인간 외부의
세속적인 것들이 정말로 인간에게 속한 것이라면, 인간은
그것을 비난하거나 반대할 이유가 없을 것이다. 또한 그러
한 것들 없이 살 수 있는 사람이 칭찬받지도 않을 것이다.
만일 그것이 정말로 선한 것이라면, 스스로 그것을 포기하
는 사람을 선한 사람으로 칭송하지는 않을 것이다. 하지만
현실에서 벌어지는 일은 그렇지 않다. 외적으로 화려하고
웅장하거나 그와 유사한 것들에서 자신을 멀리할수록, 혹
은 그러한 것들을 잃어버린 자신을 잘 견뎌 낼수록 그 사

람은 더 훌륭한 사람이라고 평가받는다.

15.

네가 일상적으로 생각하는 것이 무엇인가에 따라 너의 마음도 점차 그렇게 될 것이다. 너의 영혼은 너의 생각과 상상으로부터 번져 간다. 그러므로 너는 생각을 통해 영혼을 깊이 물들이고 충만히 적실 수 있다. 예를 들어 보자. 네가 어디에서 살든 잘 살고 행복하게 사는 것은 너의 의지에 달려 있다. 네가 궁전에서 산다고 해도 그곳에서 잘 살고 행복하게 살 수 있다. 모든 것은 자신이 지닌 본성을 자연스럽게 발현하여 자신의 목적으로 향한다. 어떤 것이든 자연스럽게 추구하는 그 지향점이 그것의 목적이며, 모든 것의 목적이 이루어지는 곳에 선이 존재하고 선한 결과가 도출된다. 그러므로 이 사회는 이성적 피조물들이 만들어 가는 적정한 선이다. 우리가 사회의 구성원으로 존재한다는 사실은 오래전부터 주장되어 온 입장이다. 더 열등하고 낮은 존재가 더 우월하고 나은 존재를 구성하는 것은 자연스러운 이치다. 최고의 것은 서로를 고양시킨다는 사실을, 영혼을 가진 것이 영혼이 없는 것보다 낫다는 사실을, 그리고 영혼을 가진 존재 중에서도 이성적 영혼을 가진 것이 가장 뛰어나다는 사실을 의심할 사람이 있을까?

16.

불가능한 일을 바라는 것은 미친 사람이 하는 일이다. 악한 사람이 악행을 참는 것도 불가능한 일이다. 누군가에게 일어나는 일은 자연의 법칙에 따라 그 사람에게 일어나는 자연스러운 일일 뿐이다. 다른 이들도 각자에게 일어나는 자연스러운 일을 맞이할 뿐이다. 이렇게 생각해 보자. 자신에게 벌어진 일을 모르는 사람이 있고, 자신에게 벌어진 일을 참고 인내하지만 그 수고를 인정받고 싶어 하는 사람이 있다. 무지한 사람과 인정받고 싶어 하는 사람이 정말로 분별력 있는 사람보다 나은 사람이라고 할 수 있을까? 사물 그 자체는 인간의 영혼에 닿을 수 없고 접근할 수도 없다. 그 스스로는 어떤 방식으로도 영혼에 영향을 미치거나 영혼을 움직일 수 없다. 영혼은 오직 자신에게만 영향을 미치고 오직 자신만을 움직일 수 있다. 또한 영혼은 자신에게 허락한 정체성과 방향에 따라 함께 존재하는 부수적인 존재들에게 영향을 미친다.

17.

깊이 생각해 보라. 사람에게 가장 가까운 존재는 사람이다. 우리는 서로에게 선을 베풀고 서로를 감당해야 할 의무가 있지만, 동시에 서로의 진심과 행동을 방해할 수도 있다. 때로는 태양이나 바람, 혹은 야생동물처럼 서로의 길을 곁눈질하지 않고 무심히 살아가기도 한다. 하지만 나의 마음과 의지 자체는 어떠한 방해나 장애에도 꺾이지 않을 수 있다. 그것은 마음이 가지고 있는 보편적이고도 일관된 예외 혹은 지향 때문이며, 사물을 준비된 방향으로 이끌고 나아가는 능력 때문이다. 마음은 이러한 능력을 통해 가능한 것을 불가능한 것으로, 혹은 불가능한 것을 가능한 것으로 전환하며, 상황에 따라 자신의 지향성을 실현한다. 마음은 어떠한 장애물도 자신의 목표와 방향을 달성하는 수단으로 활용할 수 있다. 따라서 이전에 방해물로 여겼던 것이 이제는 마음을 담는 도구가 되고, 이전에 길을 막았던 것이 이제는 가장 빠른 길을 찾아 준다.

18.

세상에서 가장 중요하고 힘센 것은 존중해야 한다. 그것은 모든 것을 움직이고 모든 것을 다스리기 때문이다. 마찬가지로, 네 안의 가장 중요하고 힘센 것도 존중해야 한다. 그것이야말로 앞에서 언급한 본성을 지닌 것이기 때문이다. 그것은 네 안에 있으면서, 모든 것을 목적에 맞게 사용하고, 너의 삶을 다스리는 존재이다.

19.

공동체에 해를 끼치지 않는 것은 시민에게도 해를 끼칠 수 없다. 이 원칙을 염두에 두고 불의에 대한 모든 생각과 판단을 이행해야 한다. 어떤 것으로 인해 공동체 전체가 해를 입지 않았다면 왜 그것을 개인의 불만으로 여겨야 하는가? 오히려 그가 부당한 일을 당했다고 여긴 행위 자체에 잘못된 점은 없는지 숙고해야 한다. 다시 말하건대, 세상에 존재하는 모든 것과 세상에서 이루어지는 모든 일이 얼마나 빨리 변하는지, 그리고 얼마나 빨리 눈앞에서 흩어지는지 생각하라. 가장 본질적인 것조차 거센 물결처럼 흘러가고, 우리의 모든 행보도 끊임없이 뒤바뀌며, 심지어 원인조차 변화에 의해 좌우되니, 세상에 고정돼 있거나 변치 않는 것은 아무것도 없다. 또한 이미 지나간 무한한 시간과 앞으로 다가올 광대한 시간을 생각하라. 결국 세상 만물도 그 속에서 해체되고 소멸할 것이다. 그런데도 세상일로 교만해지거나, 그것을 걱정하거나, 마음을 가라앉히지 못하고 마치 그것이 너를 영원히 괴롭힐 것처럼 애통해한다면 그것은 얼마나 어리석은 일인가? 온 우주도 너에게는 일부일 뿐이며, 삶으로 주어진 시간은 찰나일 뿐이다. 인류의 운명과 숙명 가운데서도 네가 관여하는 몫은 얼마나 적은가! 다시 말하노니, 누군가 나에게 잘못을 저질렀다고 하자. 그렇다면 그가 책임지면 될 일이다. 그는 자신의 성향과 행위의 주인이다. 나는 자연이 나에게 맡긴 몫과 내 본성이 나에게 부여한 의무를 이행하면 그뿐이다.

20.

영혼의 가장 중요하고 고귀한 부분이 육체의 고통이나 쾌락에 침식되지 않도록 하라. 스스로를 다스리고 혼란에서 건져 내어 그것들과 섞이지 않도록 하라. 그러나 많은 것이 합해지고 더해진 존재인 사람은 때때로 마음과 생각이 미혹되어 고통받기도 한다. 그렇다고 해서 감각과 감정에 저항해서는 안 된다. 그것은 자연스러운 일이기 때문이다. 육체의 쾌락이나 고통은 언제나 찾아오지만, 그것이 우리 삶의 본질은 전혀 아니니, 그 자연스러운 감각과 감정을 너의 이해력을 통해 선악으로 구분하지 마라. 그렇게 할 수 있다면 모든 일이 잘될 것이다.

21.

신과 함께하는 삶을 살아라. 신을 경외하는 사람은 언제나 자신에게 만족하고, 주어진 일에 기뻐한다. 그러한 사람은 제우스가 각자의 감독관이자 통치자로 임명한, 그 자신의 일부인 영혼이 기뻐하는 모든 것을 행하는 자이다.

22.

　숨결이 불쾌하거나 겨드랑이에서 냄새 나는 사람에게 짜증 내지 마라. 그가 무엇을 할 수 있겠는가? 그의 숨결이 본래 그렇고 그의 겨드랑이도 본래 그럴 뿐이다. 그러니 주어진 상태에서 그러한 냄새가 나는 것은 당연한 일이다. 너도 동의하듯 그 사람도 생각이 있으니 주변 사람에게 불쾌감을 줄 수밖에 없다는 것을 알고 있지 않겠는가? 너 또한 신의 축복으로 이성이라는 능력을 가지고 있다. 너의 이성을 믿는다면 그의 이성도 믿어야 한다. 그가 잘못한 것이 있다면 지적하고 충고하면 그뿐이다. 그가 네 말을 들으면 너는 그를 설득시킨 것일 뿐, 화낼 이유는 없다.

23.

　소란 피우는 사람, 품행 나쁜 사람이 없는 곳이 좋은가? 그 이유는 무엇인가? 네가 소란 피우는 사람도, 품행 나쁜 사람도 없는 곳으로 물러나 살기로 결심하듯, 지금 이곳에서도 그렇게 할 수 있다. 만일 그들이 너를 가만히 놓아두지 않는다면, 너는 네 뜻을 굽히기보다는 삶을 버리는 편이 나을 수도 있다. 하지만 그럼에도 불구하고 네가 부당한 상황에 놓였다고 생각하지 말고, 단지 이렇게 생각해야 한다. '여기에 연기가 있구나. 나는 다른 곳으로 가겠어.' 이 얼마나 훌륭한 생각인가! 이러한 판단으로 그 장소를 떠나는 일이 생기지 않는 한, 나는 자유롭게 처신할 수 있다. 누구도 내가 원하는 일을 방해하지 못할 것이며, 나의 의지는 언제나 이성적일 것이며, 사회적인 나의 본성에 따라 인도되고 조정될 것이다.

24.

우주를 다스리는 이성은 본래적으로 공동체와 사회를 위한 것이다. 그러므로 가장 좋은 것들을 위해 열등한 것들을 만들었고, 모든 것이 서로 어우러지도록 두어 조화롭게 했다. 보이는가? 좋은 것과 나쁜 것이 어떻게 관계 맺고 있는지, 모든 것이 어떻게 각자의 역할에 따라 적절히 움직이고 있는지, 혹은 가장 뛰어나고 우월한 것들이 어떻게 상호간의 이해와 동의 속에 화합하고 있는지 말이다.

25.

지금까지 너는 신들에게, 부모에게, 형제에게, 아내에게, 자녀에게, 스승에게, 양부모에게, 친구에게, 가족에게, 하인에게 어떻게 행동해 왔는가? 말이나 행동으로 이들 중 누구에게 부당한 처우를 하지는 않았는가? 지금까지 얼마나 많은 일에 휘둘려 왔는지, 얼마나 많은 일을 견뎌 왔는지를 기억하라. 이제 네 삶의 이야기가 가득 찼고, 네게 맡겨진 임무가 완수되고 있음을 생각하라. 다시 묻건대, 너는 지금껏 좋은 것들을 얼마나 분별했는가? 얼마나 많은 쾌락과 고통을 인내했는가? 얼마나 많은 찬란한 영광을 거부했는가? 비뚤어지고 비합리적인 사람들을 얼마나 친절하고 따뜻하게 대했는가?

26.

세상의 무지하고 어리석은 자는 왜 지혜롭고 사려 깊은 자를 압도하는가? 그렇다면 지혜롭고 사려 깊다는 것은 무슨 뜻일까? 모든 것의 시작과 끝을 이해하고, 존재하는 모든 것과 지나온 모든 시대에 있는 결코 변하지 않는 이성의 본질에 대한 참된 지식을 가졌다는 뜻이다. 이 본질은 우주를 배열하고 조율하듯 일정한 시간 주기에 따라 작용하고 움직인다.

27.

너는 얼마 지나지 않아 재가 되거나 뼈만 남게 될 것이다. 어쩌면 이름만 남을 수도 있고, 심지어 이름조차 남지 않을 수 있다. 결국 모든 것은 공허한 소리와 그것의 메아리일 뿐이다. 이 삶에서 우리가 가장 소중히 여기고 중요하게 생각하는 것조차 본질적으로 헛되고 썩어 가는 하찮은 존재다. 가장 진지하고 심각하게 여기는 것조차 정확히 따져 보면 서로 물어뜯는 강아지들의 소란이고, 웃고 떠드는 말썽꾸러기 아이들의 소동일 뿐이다. 믿음, 겸손, 정의, 진리 등의 가치는 오래전 어느 시인이 말했듯 이 드넓은 땅을 떠나 하늘로 올라가 버렸다. 그렇다면 감각으로 느끼는 모든 현상이 이토록 변덕스럽고 불안정하며, 우리가 느끼는 감각마저 흐릿하고 모호하며, 우리의 영혼이란 단지 피가 증발한 것이라면, 그리고 그런 사람들에게 인정받는 것이 무의미할 뿐이라면, 너를 지상에 붙들어 두는 것은 대체 무엇인가? 너는 무엇을 기대하고 살아가는가? 그것이 변화가 됐든 소멸이 됐든 어느 쪽이라 할지라도, 자족하고 안온한 마음으로 모든 것을 받아들이는 편이 낫지 않겠는가? 주어진 시간이 끝날 때까지 너는 무엇으로 만족할 것인가? 신들을 경배하고 찬양하며, 사람들에게 선을 행하는 것 외에 무엇이 있겠는가? 사람들을 포용하고, 그들에게 해를 끼치지 않는 것 외에 무엇이 있을까? 그리고 너의 피곤한 몸이나 그 삶에 속한 모든 것에 대해, 그것이 너의 것이 아니며, 너의 의지로 통제되지 않는다는 것을 기억하는 것 외에 무엇이 있을까?

28.

올바른 길을 따르기만 한다면 너는 언제나 성공에 이를 수 있다. 생각과 행동의 모든 과정을 진실한 방법으로 채운다면 말이다. 그 두 가지는 신의 섭리일 뿐 아니라 인간의 모든 이성에 작용하는 인류 공통의 것이다. 첫째, 우리가 본연의 일을 한다면 어떤 것도 우리를 방해할 수 없다. 둘째, 우리의 행복은 정의를 실천하고 이를 느끼는 데 있으며, 그 과정에서 우리의 욕망은 해소된다.

29.

어떤 악행이 내가 범한 것도 아니고, 나의 악의에서 비롯된 것도 아니며, 그로 인해 공공이 해를 입지 않았다면 그것이 나와 무슨 상관이 있는가? 그리고 그것이 공공의 어떤 부분에 해를 끼칠 수 있을까? 너는 자만심에 취해서도 안 되지만 사람들의 주장에 휩쓸려서도 안 된다. 도움이 필요한 사람이 있다면 최선을 다해 도와야 한다. 필요하다면 세속적인 일과 방식으로라도 힘을 보태야 한다. 그로 인해 그 사람이 해를 입을 것이라고 생각할 필요는 없다. 그것은 옳은 판단이 아니기 때문이다. 늙은 양아버지가 떠나는 자식에게 장난감 팽이를 돌려달라고 요구하는 고대 희극 장면을 생각해 보자. 우리는 한낱 장난감이라

할지라도 정중히 돌려주는 예의를 가르치는 그 아버지처럼 행동해야 한다. 법정에서 벌어지는 모든 변론과 갈등은 도대체 무엇을 위한 것인가? 그대들이여, 그런 것들이 실제로 무슨 의미가 있다고 생각하는가? 다른 사람이 그것을 중요하게 생각하고 훌륭한 것으로 여긴다고 해서 그대도 똑같이 어리석은 사람이 되려 하는가? 나 또한 잠시 그러했지만, 지금은 그것으로 충분했다고 생각할 뿐이다.

30.

죽음이 언제 어디서 나를 찾아오든, 나는 여전히 행복한 사람εὔμοιρος이 될 수 있다.

행복한 사람은 살아가는 동안 행복한 운명과 행복의 몫을 자신에게 부여하는 사람이다. 행복한 운명과 행복의 몫이란 영혼의 선한 영향, 선한 욕망, 그리고 선한 행동을 말한다.

제6권

"너는 철학에 자주 마음을 두어야 한다.
철학은 네게 많은 것들을
견딜 수 있는 힘을 줄 뿐 아니라,
번잡한 일상에서 사람들을 포용할 수 있는
위로를 선사할 것이다."

1.

우주를 구성하는 물질 그 자체는 매우 유연하고 부드럽다. 그것을 지배하는 이성적 본질은 스스로 악을 행할 이유가 없으며, 자신의 내부에 악을 품고 있지도 않다. 그것은 악을 행할 수 없으며, 그로 인해 해를 입을 수도 없다. 모든 것은 자신의 의지와 원리에 따라 이루어지고 결정된다.

2.

네가 책무를 수행할 때는 날씨가 춥든 덥든, 졸리든 잠이 깼든, 비난을 받든 칭찬을 듣든, 죽어 가고 있든 어떤 일을 수행하든 언제나 한결같아야 한다. 왜냐하면 우리는 심지어 죽는 일마저 삶에서 마주하는 의무와 책무의 하나로 받아들여야 하기 때문이다.

3.

무엇이든 그것의 내면을 살펴야 한다. 본질적인 특성과 참된 가치를 온전히 이해하기 전에는 그것을 무심히 넘기지 마라.

4.

모든 물질은 변화한다. 하나의 물질로 수렴된다는 기본 원칙 아래 각각의 물질은 증발되고 분해되어 흩어진다. 만물을 지배하는 이성적 본질은 스스로를 가장 잘 이해하며, 자신의 성향과 움직임은 물론 그가 마주하는 모든 물질을 알고 그 원리에 따라 행한다. 하지만 인간은 그럴 수 없으니, 우리의 유한한 능력으로 이해할 수 없는 많은 것들에 놀라는 것은 당연하다.

5.

가장 좋은 복수는 그와 같은 사람이 되지 않는 것이다.

6.

그것을 너의 유일한 기쁨과 위안으로 삼길 바란다. 언제나 신의 존재를 마음에 두어야 하며, 한 번의 사회적 선행에서 멈추지 말고 계속해서 다른 선행으로 나아가는 삶을 살아야 한다.

7.

이성이라는 영역은 스스로를 일으켜 움직이고 변화시킬 수 있는 유일한 존재이다. 그것은 자기 자신은 물론 자신이 마주하는 모든 것을 원하는 대로 스스로 드러나게 만든다.

8.

모든 개별적인 것은 우주의 본성에 따라 결정될 뿐, 별도의 다른 본성에 의해 정해지는 것은 없다. 그것이 우주를 둘러싼 어떤 것이든, 우주 안에 흩어져 있는 어떤 것이든, 혹은 외부에서 관여하고 있는 어떤 것이든 상관없이 말이다. 우주는 단순히 혼돈의 집합체이고 시간이 지나면서 나뉘고 흩어질 뿐인 존재인가? 아니면 질서 가운데 만들어진 통합체로서 하나의 섭리를 통해 지배되고 관리되는 존재인가? 만일 첫 번째라면, 나는 왜 이런 우연적인 혼란 속에 더 오래 머물고 싶어 해야 하는가? 가능한 한 빨리 흙으로 돌아가는 것 외에 다른 것에 더 신경 쓸 이유가 있는가? 심지어 신들을 기쁘게 하려고 애쓰며 나를 괴롭힐 이유가 있는가? 결국 나의 끝은 흩어짐이며, 그것은 내가 원하든 원하지 않든 반드시 벌어지는 일이다. 하지만 두 번째가 진실이라면, 신을 경외하는 나의 마음이 헛되이 생겨난 것이 아닐 것이다. 그러므로 나는 조용히 인내할 것이며, 만물의 지배자이신 그분을 믿고 따를 것이다.

9.

힘겨운 일과 마주하여 마음이 괴롭고 복잡하다면 가능한 빨리 내면으로 돌아가라. 마음의 조화가 깨진 상태에서 필요한 시간 이상으로 머물지 마라. 이를 실천할 수 있다면 점차 자신의 역할을 이행하고 타인과 조화를 이루는 데 더 능숙하게 된다. 이러한 마음을 꾸준히 연마한다면, 잠시 마음의 조화가 깨졌다고 해도 즉시 다시 조화로운 마음을 되찾을 수 있다.

10.

친모와 계모가 모두 살아 있었다면 계모를 존중하고 공경했을 것이지만, 그럼에도 마음에 모시고 영원히 기억할 분은 친모일 것이다. 마찬가지로 네 삶의 원칙과 철학을 그렇게 생각하라. 요컨대 너는 철학에 자주 마음을 두어야 한다. 철학은 네게 많은 것들을 견딜 수 있는 힘을 줄 뿐 아니라, 번잡한 일상에서 사람들을 포용할 수 있는 위로를 선사할 것이다.

11.

음식이 되어 입으로 들어가는 모든 것의 본질을 바르게 이해하고 그것을 인정하는 것은 얼마나 유익한 일인가! 이를테면 생선은 물고기의 사체다. 조류 요리는 새의 사체다. 육류는 돼지의 사체다. 더 극명한 예를 들자면 저 훌륭하고 환상적인 팔레르누스산 포도주도 단지 평범한 포도의 즙일 뿐이다. 이 자줏빛 옷은 그저 양털을 조개류의 피로 물들인 것이고, 성행위 또한 누구나 가진 보잘것없는 신체가 마찰하여 점액을 배출하는 작은 기관의 경련에 지나지 않는다. 히포크라테스의 견해에 따르자면 그렇다. 상상을 펼치고 생각을 확장하여 사물의 본질을 꿰뚫고 그 참된 본질을 드러내는 일은 얼마나 훌륭하고 유익한가! 너 또한 평생 동안 맞이하는 모든 상황에서 이러한 모습을 보여야 할 것이다. 특히 어떤 일이 매우 중요하고 존중받아야 하는 것으로 받아들여질 때, 그러한 자세는 더욱 필요하다. 그것의 외피를 벗겨 내고 천박함을 드러내어, 그것들을 중요하고 진지한 것으로 보이게 했던 모든 격식과 절차를 제거하는 데 힘써야 한다. 외적인 위용과 화려함은 속임수와도 같다. 특히 네가 중요한 일에 몰두하고 있을 때, 바로 그때 너는 앞에 있는 중요한 상대에게 크게 속을 위험에 처하게 된다.

12.

크라테스가 크세노크라테스에 대해 말한 것을 생각해 보라.

13.

평범한 사람들은 자연이나 자연이 만든 일반적인 모습에 감탄한다. 이를테면 돌과 나무와 무화과, 포도나무, 올리브 등에 대해 그러하다. 더 섬세하고 절제하는 사람들은 양 떼나 소 떼 같이 생명이 생동하는 것을 보고 많은 것을 느낀다. 그보다 더 섬세하고 지적인 사람들은 이성적인 존재의 현현에 감탄을 쏟아 낸다. 그것이 단순히 이성적이기 때문이 아니라, 그 이성이 훌륭한 기술이나 발명 등의 능력으로 발현되기 때문이다. 때로는 단순히 이성적 존재 자체를 향유하는 이들도 있어서, 그들은 많은 노예를 소유한 이가 기뻐하듯 이성적 존재를 기뻐한다. 그러나 이성적이고 사회적인 자신의 본성을 함양하고 실천하는 데 몰두하는 이들은 그 본성에 함께 참여하는 신과 동행하게 된다.

14.

어떤 것들은 삶을 이어가고자 애쓰고, 어떤 것들은 삶을 마감하고자 서두른다. 지금 존재하는 모든 것도 그 자신의 일부는 이미 사라지고 없다. 끝없는 변화와 운동은 세상을 새롭게 하고, 무한한 시간의 흐름도 세상을 활력 있게 만든다. 모든 것이 끊임없이 흐르고 변하는 세상에서 우리는 사라져 가는 그 무엇을 붙잡아야 하는가? 그 가운데 어떤 것도 우리가 움키거나 멈출 수 없는데 말이다. 누군가 평범한 참새 한 마리를 보고 애정을 붙이려 하지만, 그 참새는 눈에 띄자마자 이내 사라져 버릴 뿐이다. 우리는 각자에게 주어진 삶을 피가 증발하는 순간으로, 혹은 공기 한 움큼을 호흡하는 일로 생각해야 한다. 일상에서 공기를 들이마시고 다시 내쉬는 행위 그 이상도 이하도 아니다. 우리는 어제도 오늘도 처음인 듯 공기를 들이마셨지만, 우리의 삶이 처음 시작된 것도 그 공기와 함께였다.

15.

우리 인생에서 가장 소중한 것이 고작 풀과 나무의 식물적 생장일 수는 없다. 또한 인간에 길들여진 가축이나 야생동물의 생체 호흡일 수도 없다. 우리의 공상일 수도 없고, 감각 욕구에 휘둘리는 감정일 수도 없다. 함께 모여 식사하고 잠자는 행위도 아니다. 먹는다는 것도 결국은 음식의 찌꺼기를 배출하는 행위 이상은 아니기 때문이다. 그렇다면 우리가 정말로 소중히 여겨야 할 것은 무엇인가? 귀 따가운 훈계 소리를 듣는 일인가? 그렇지는 않겠지만, 칭찬하는 소리도 사실상 귀 따가운 소음과 크게 다르지 않다. 왜냐하면 칭찬의 말도 결국 혀가 만드는 외부 소음의 일종이기 때문이다. 칭찬도 아니라면, 네가 정말로 소중히 여겨야 할 것은 무엇인가? 내 생각에는 이것이다. 모든 행위와 처신에 있어서 너 자신의 참된 본성과 의지에 따라야 한다. 심지어 보통의 기술과 평범한 생업도 우리를 그러한 방향으로 인도한다. 모든 기술이 지향하는 것과 그 기술이 실행되어 만드는 것은 결국 기술에 내재된 목적 그 자체이다. 포도나무를 가꾸는 사람도, 망아지를 길들이는 사람도, 개를 훈련시키는 사람도 이것을 목표로 한다. 아이들을 교육하고 학문을 연구하는 목적은 무엇인가? 분명한 것은, 이러한 생각은 우리 자신을 향한 시선에도 적용되어야 한다는 점이다. 네가 어떤 일을 훌륭히 수행하고 있다면 다른 것을 얻고자 하는 욕심을 거두어야 한다. 그럼에도 네가 다른 것을 포기할 수 없다면, 너는 진정으로 자유를 누릴 수 없다. 스스로에게 만족할 수 없을 것이고, 언제나 감정에 지배당하게 될 것이다. 그렇게 된다면 너는 반드시 남을 질투하고, 시기하고, 의심하게 될 것이다. 나아가 네가 소중히 여기는 것을 빼앗을 수 있는 사람을 경계할 것이고, 그러면서도 네가 소중히 여기는 것을 이미 소유한 사람을 은밀히 훼방 놓고 싶어할 것이다. 요컨대 이러한 사람은 필연적으로 내적인 혼돈에 휩싸이게 되며 외부의 신들을 원망하게 된다. 하지만 네가 너 자신의 마음만을 존중하고 소중히 여긴다면 그것이야말로 너에게 만족을 줄 것이다. 유연하고 포용적인 대인 관계를 만들 것이며, 조화롭고 경외하는 마음으로 신들을 예우할 것이다. 즉, 신이 너에게 필요하다고 판단하고 부여한 모든 것을 기쁨으로 받아들이게 될 것이다.

16.

위와 아래로, 그리고 사방으로 움직이는 것은 생명의 요소들이다. 그러나 덕의 움직임은 그중 어떤 것에도 속해 있지 않으며, 그 때문에 훨씬 더 우월하고 신성한 모습을 보인다. 스스로 번영하고 스스로 선에 이르는 덕은 사람들이 쉽게 이해하지 못하는 길을 운행한다.

17.

누구라도 놀라게 되는 사람이 있다. 그들은 자신과 같은 시대를 사는 사람들과는 좋은 관계를 맺지 못하면서도, 자신들이 한 번도 보지 못했고 앞으로도 보지 못할 후대인들에게 칭송받기를 열망한다. 그것은 마치 자신보다 앞서 살았던 사람들이 자신을 칭찬하지 않았다고 슬퍼하는 것과도 같다.

18.

불가능해 보이는 일이나 엄청난 고난이 수반되어야 하는 일이라고 해도 그것을 불가능하다고 생각하지 마라. 누군가에게 가능하고 적합한 일이라면, 너에게도 충분히 가능하고 적합하다고 생각하라.

19.

경기장에서 상대방이 네게 상처를 내고 머리를 다치게 했다고 생각해 보라. 분명히 너는 상해를 입었다. 하지만 소리를 치거나 화를 내지 않을 것이다. 그를 원망하지도 않을 것이고, 그가 일부러 너에게 해를 끼치려 했다고 의심하지도 않을 것이다. 그 순간에 너는 최선을 다해서 그를 피하려 했고, 그 사람의 가격도 적대감이 담긴 행위는 아니었다. 위협과 분노 때문이 아니라 신사적인 규율에 따라 피했을 뿐이다. 이런 마음과 태도를 삶의 다른 부분에도 적용하라. 우리는 세상의 많은 일들을 마치 경기장에서 상대와 대결하듯 받아들여야 한다. 요컨대 우리는 증오하고 의심하지 않으면서도 서로 피하고 물러설 수 있다.

20.

누군가 나를 책망하며 나의 생각과 행동이 잘못되었다고 주장한다면, 나는 그 사람을 멀리할 것이다. 내가 추구하는 것은 진리이고, 진리로 인해 상처받은 사람은 아무도 없기 때문이다. 오히려 오류와 무지 속에 머무는 사람이야말로 반드시 상처받는다.

21.

나는 내게 속한 일을 하고자 한다. 감각이 없는 사물이나 이성이 없는 존재, 혹은 이성이 있더라도 진리의 길을 알지 못해 무지하고 미혹되는 존재는 나를 괴롭히거나 동요시키지 못한다. 이성적인 인간으로서 자유롭고 고결한 나는 이성이 없는 존재와 세상 모든 사물을 원만히 거느 릴 뿐이다. 물론 사람을 대할 때는 같은 이성을 공유하는 존재들로서 사회적인 예법으로 대우할 것이다. 하지만 어떤 일을 하든 신을 기억하고 신에게 기도해야 한다는 것을 잊지 마라. 그리고 이러한 일을 하기 위해 얼마나 오래 살게 될지에 대해서는 생각하지 마라. 단 세 시간만 주어져도 충분할 수 있다.

22.

마케도니아의 알렉산더도 그의 노새를 돌보던 마부도 죽음에 이르면 결국 하나로 돌아간다. 사람은 누구나 세상이 운행되는 근본이자 합리적인 본질로 돌아가기 때문이다. 혹은 똑같은 작용을 통해 무수한 원자들로 흩어지기 때문이다.

23.

우리가 맞이하는 매 순간이 얼마나 많은 일들로 채워지는지 생각해 보라. 그것이 우리의 몸에 관한 것이든 영혼에 관한 것이든 말이다. 그러면 우리가 세상이라고 부르는 이 전체이자 하나인 곳에서 얼마나 많은 일들이 동시에 발생하며, 또한 공존하는지 놀라지 않을 수 있을 것이다.

24.

누군가 안토니누스라는 단어를 어떻게 쓰는지 묻는다면 너는 즉시 그 단어의 철자를 순서대로 말하지 않겠는가? 그런데 누군가 그것에 대해 반박하거나 시비를 건다면 어떻게 하겠는가? 화를 내고 싸울 것인가, 아니면 앞에서 말한 것처럼 차분히 단어의 철자를 말해 주겠는가? 다른 일에 있어서도 마찬가지다. 인간에게 주어진 모든 의무는 글자나 숫자를 일정한 방식으로 구성하는 일과 같다. 소란을 피우거나 다툴 필요 없이 너 자신의 태도를 유지하며 순서대로 목표를 향해 나아가면 된다. 다투려는 자에게 맞서 싸우지 말고 그저 너의 일을 계속해서 이행하라.

159

25.

누군가 자신의 본성에 어울리고 자신의 성향에 부합하는 일을 추구할 때, 이를 금지하는 것은 잔인한 일이 아닌가? 그런데 네가 잘못을 범한 누군가에게 화를 낸다면 어떤 면에서 그것은 그의 자유를 빼앗는 일이 된다. 왜냐하면 그는 그 과오가 자신에게 이롭고 필요하다고 여겼기 때문이다. 그렇지 않다고 반박할지도 모른다. 그렇다면 그에게 가서 더 나은 것을 가르치고 더 나은 길을 보여 주라. 하지만 그에게 화를 낼 필요는 없다.

26.

죽음이란, 감각이 자극되고 감정이 요동치고 마음이 길을 잃고 몸이 속박되는 일이 그치는 사건이다.

27.

혼란한 시대의 일상에서 몸이 버티고 있는데 영혼이 먼저 지치고 포기한다면 그것은 부끄러운 일이다. 철학자였던 네가 시간이 흐른 뒤 그저 궁정의 권력자가 되고, 그 안락한 생활에 파묻혀 새로운 질문을 그치게 되는 상황을 경계하라. 이것은 네가 유의하지 않으면 언제든 벌어질 수 있는 일이다. 그러므로 너는 너 자신을 단속해야 한다. 진정으로 단순하고 선하고 진실하고 경건하고 겸허해야 한다. 정의를 사랑하고 신앙심을 함양하고 친절하고 따뜻하면서도 강인한 사람이 되어 주어진 모든 일을 넉넉히 감당할 힘을 갖길 바란다. 철학이 너를 온전히 지지하고 보호할 수 있도록 사유하는 삶을 살길 바란다. 신을 경외하고 이웃의 행복을 위해 힘쓰기 바란다. 우리에게 주어진 삶은 매우 짧으며, 자애로운 행동과 경건한 마음이야말로 지상에서 주어진 삶이 맺는 유일한 열매이기 때문이다.

모든 일을 할 때 안토니누스 피우스의 제자답게 행동하라. 이성을 따르는 일에 있어서 그가 보여 준 확고하고 일관된 태도와, 세상에 관여하는 평정심과 경건함을 기억하라. 그의 표정에 배어 있던 온화함과 여유로움도 기억하라. 모든 허영심에서 자유로웠던 그의 마음을 생각해 보라. 그가 주어진 일을 진실하고 정확하게 수행하기 위해 얼마나 신중했는지, 결코 포기하지 않고 일의 본질을 이해하기 위해 얼마나 고심했는지도 기억하라. 그는 부당하게 비난받을 때도 인내했고, 분쟁에 휘말리지 않았으며, 성급하게 행동하지도 않았다. 중상모략이나 거짓 고발에도 귀를 기울이지 않았다. 그 대신 그는 사람들의 행동과 성향을 세심하게 관찰하고 사건을 면밀히 조사하는 일에 마음을 다했다. 또한 남을 험담하지 않았고, 상대를 의심하거나 두려워하지도 않았으며, 모든 말에 꾸밈이나 과장이 없었다. 주거지와 침구, 의복을 가리지 않았으며, 평범한 음식과 최소의 시중으로 생활하며 적은 것들에 쉽게 만족할 줄 알았다. 묵묵히 노동했고, 인내할 줄 알았으며, 소박한 식사를 즐겼다. 진귀한 것을 경험하려는 육신의 욕구를 해결하는 등 아침부터 저녁까지 불필요한 일로 시간을 허비하는 일이 없었다. 사람을 사귀는 데 있어서도 의리와 정절을 중요시

161

했다. 자신의 의견에 강력히 반대하는 사람을 너그러이 포용했고, 더 나은 생각을 말해 주는 사람을 만나면 기뻐하기까지 했다. 마지막으로 그는 미신에 빠지지 않는 진실로 경건한 사람이었다. 이 모든 것을 기억하라. 그렇게 할 수 있다면 너는 마지막 시간이 찾아왔을 때, 그가 그랬던 것처럼 훌륭한 정신과 준비된 마음을 지닐 수 있을 것이다.

29.

너는 마음을 흔들어 깨워야 한다. 그래서 자신도 모르게 꿈과 환상에 휩쓸린 정신을 되찾아야 한다. 그 미망에서 깨어나 모든 것이 너를 미혹한 한낱 꿈에 불과했음을 깨달아라. 그리고 또 다른 잠에서 막 깨어난 사람처럼 세상의 일들을 바라보라. 마치 꿈속에서 본 것들을 대하듯, 이 세상일들을 수행하라.

30.

나는 몸과 영혼으로 이루어져 있다. 내 몸은 모든 것을 무심히 대한다. 몸 자체가 어떤 차이를 인식하지 않기 때문이고, 그로 인해 어떤 대상에 더 영향을 미칠 수 없기 때문이다. 내 마음 역시 스스로의 작용 범위 밖에 있는 모든 것과 무관하지만, 마음의 작용에 관계된 모든 것에 전적으로 책임이 있다. 마음은 현재의 일들만 다루며, 과거나 미래의 일들은 지금 이 순간 무의미하다.

31.

발이 주어진 역할을 하고 손이 맡겨진 역할을 하는 한, 그들의 일은 어떤 것이든 자연에 부합한다. 마찬가지로 인간이 자신에게 주어진 일을 하는 한, 그의 일은 결코 자연에 어긋나지 않는다. 그리고 자연에 어긋나지 않는 일이라면 그 사람에게도 해롭지 않다. 만일 쾌락 속에 행복이 있다면, 왜 악명 높은 도둑과 더럽고 혐오스러운 이들과 부모를 죽인 자들과 수많은 폭군들이 그토록 쾌락에만 탐닉했을까?

32.

도구를 사용해 일하는 사람들을 보라. 어떤 면에서는 단순하고 무지한 자들이지만 자신의 일에 충실하고 그 원칙을 준수하고자 노력하는 모습이 보이지 않는가? 건축가나 의사가 자기 직업의 이론과 기술을 존중하는 반면, 인간은 자기 본성에 담긴 원칙을 존중하지 않고 신과 인간이 공유한 이성의 가르침도 따르지 않으니, 이 얼마나 안타까운 일인가?

33.

아시아는 무엇이고 유럽은 무엇인가? 그저 세상의 한 구석에 불과하지 않은가? 저 바다는 그저 물 한 방울에 불과하고, 위대한 아토스*Athos* 산도 그저 흙덩이 하나에 불과하고, 현재라는 시간은 영원 속의 한 점에 불과하다. 모든 것은 하찮을 뿐이다. 모든 것은 금세 변하고 금세 사라진다. 그리고 모든 것은 하나의 시작점으로부터 비롯됐다. 각각의 것들이 만물의 통치자에 의해 세심하게 결정된 것이든, 아니면 필연적인 결과로 도출된 것이든 말이다. 그러므로 입 벌린 사자의 무서운 위협도, 가시나 진흙처럼 위험하고 해로운 것들도 아름답고 훌륭한 것들에 수반된 필연적인 결과물일 뿐이다. 이러한 것들을 네가 존중하고 소중히 여기는 것들과 전혀 다른 것으로 여기지 말고, 다만 모든 것의 참된 근원을 생각하는 사람이 되기를 바란다.

34.

지금 존재하는 것을 보는 사람은 과거에 있던 것과 앞으로 있을 모든 것을 보는 것이다. 모든 것은 언제나 같은 모습과 양상을 반복하기 때문이다. 세상이 어떻게 서로 연결되어 있는지, 서로 어떤 관계를 맺고 있는지 항상 깊이 생각하라. 모든 것은 어떤 방식으로든 서로 얽혀 있고, 그러면서도 하나의 존재 속으로 수렴된다. 그리고 그 섭리에 의해 다 함께 조화를 이룬다. 다음과 같은 이유 때문이다. 하나는 다른 것의 결과가 되고, 그 결과는 공간으로 파급되고, 그 파급은 자연의 조화와 합일을 이루고, 마침내 모든 물질이 하나로 귀결되고 통합되어 본질이 합해진다.

35.

운명이 너에게 부여한 환경과 여건에 자신을 맞추고 적응하라. 또한 네 운명에 따라 함께할 사람들을 사랑하되, 진심으로 사랑하라. 어떤 물건이나 도구가 그것이 만들어진 목적에 적합하다면, 그것은 그 자체로 온전한 존재가 된다. 그것을 만든 사람이 사라져서 보이지 않는다고 해도 말이다. 하지만 자연적인 사물들에는 자신이 만들어지고 조화롭게 된 힘이 내재되어 있다. 그러므로 우리는 그 힘들을 더욱 존중해야 한다. 만일 우리가 자신의 의지와 목적에 맞게 살아간다면, 모든 것이 우리에게 좋고 적합한 것이라고 생각해야 한다. 이러한 이유로, 또한 이러한 방식으로 만물을 다스리는 그분은 자신의 행복을 향유한다.

36.

너의 의지로 통제하거나 회피할 수 없는 것들을 선이나

악이라는 개념으로 규정한다면, 네가 악하다고 여기는 상황에 빠지거나 선하다고 여기는 것을 놓친 뒤 신들을 원망하게 될 것이다. 혹은 그 불행의 원인이 되었다고 생각되거나 의심되는 사람을 미워하게 될 것이다. 실제로 우리가 이처럼 외부의 것을 좋고 나쁜 것으로 구분하고 거기에 집착하면 필연적으로 많은 과오를 저지르게 된다. 하지만 오직 사람의 의지에 따라 이루어지는 것만을 좋거나 나쁘다고 여긴다면 더 이상 신들에게 불평할 이유도 없고, 누군가에게 적개심을 가질 이유도 없다.

37.

우리는 모두 하나의 목표를 향해 나아간다. 어떤 이는 스스로 무엇을 하는지 이성적으로 이해하며 살고, 다른 이는 스스로 무엇을 하는지 알지 못한 채 산다. 언젠가 헤라클레이토스가 말한 것처럼 잠자는 사람조차 그 나름의 방식으로 잠을 자고, 또 다른 사람은 다른 방식으로 잠을 자며, 그 자체로 세계가 움직이는 방식에 일조한다. 나아가 삶을 불평하고 자신이 할 수 있는 방식으로 세상을 방해하는 사람조차도 다른 이들과 마찬가지로 세상에 일조한다. 세상은 그러한 사람도 필요로 하기 때문이다. 그렇다면 너는 이들 가운데 어느 부류에 속하고 싶은지 자문해 보

라. 모든 것을 관장하는 분께서는 네가 원하든 원하지 않든 너를 잘 인도할 것이며, 네가 전체의 일부이자 구성원으로서 자신에게 어울리도록 섭리하실 것이다. 그래서 네가 무엇을 하든 그의 뜻과 사업을 실현하는 데 기여하게 될 것이다. 그러니 부끄러워하지 말고 전체의 일부로서 존재하되, 크리시포스가 언급한 어느 희극의 저열하고 우스꽝스러운 구절 같은 부분으로 살아가지 않도록 주의하라.

38.

태양이 비의 역할을 하려고 할까? 아폴론의 아들 아스클레피오스*Aesculapius*가 땅에 속한 일을 하려고 할까? 하늘의 별들은 어떤가? 모두가 제각기 다르고 고유한 임무와 역할을 수행하지만, 그럼에도 하나의 목표를 향해 협력하며 나아가지 않는가?

39.

만일 신들이 나에게 일어나는 일을 숙고했다면, 나는 신중하고 지혜로웠을 그들의 결정을 받아들여야 한다. 신이 불합리한 존재라는 것은 상상할 수 없기 때문이다. 신들이 나에게 해를 끼치기로 작정했다고 가정하면, 그것이 그들은 물론 그들이 특별히 살피는 우주 전체에 어떤 이익이 있겠는가? 그들이 만일 나를 특별히 여기지 않는다고 해도, 우주 전체에 대해서는 숙고했을 것이다. 그렇다면 나는 그 총체적인 숙고의 결과나 그로 인해 벌어진 일들을 수용하고 받아들여야 한다. 그런데 만일 신들이 인간에 대해 전혀 생각하지 않는다고 가정해 보자. 생각만으로도 매우 불경하지만, 그것이 사실이라면 우리는 더 이상 희생 제물을 바칠 필요도 없고, 기도나 맹세를 할 필요도 없으며, 신들을 존중할 이유도 없다. 우리가 신들과 내밀하게 소통한다는 믿음에서 비롯된 어떤 행위도 이행할 필요가 없다. 그럼에도 나는 이렇게 말하고자 한다. 설사 신들이 총체적으로든 개별적으로든 우리에게 벌어지는 일들에 관심을 갖지 않는다고 해도, 여전히 감사한 것은 내가 내 주변과 관련된 일들에 대해 스스로 숙고할 수 있다는 사실이다. 내가 스스로 숙고해서 결정한다면 나에게 가장 이익이 되는 결과를 얻을 수 있다. 각자에게 가장 이익이 되는 것은 자신의 본성과 여건에 부합하는 일이다. 그리고 나의 본성은 모든 일을 이성에 따라 행하고, 도시와 공동체의 선하고 유익한 구성원으로서 언제나 이웃에게 친절하고 사회적인 책무를 감내하는 것이다. 나 안토니누스가 속한 도시와 공동체는 로마이며, 인간으로서 몸담은 도시와 공동체는 온 세상이다. 따라서 그 도시에 유익하고 적합한 것이 곧 나에게 유익하고 적합한 유일한 것이다.

40.

종류와 상관없이 누구에게나 일어나는 일이라면, 그것은 세상에 이롭다. 우리를 그토록 깊이 만족시키는 것은 인간 전체에도 유익할 수밖에 없다. 그런데 주의 깊게 살핀다면 모두에게, 혹은 특정 인물에게 일어나는 모든 일이 그러하다는 것을 알 수 있을 것이다. 그리고 이제 나는 바란다. 이롭다는 말은 우리가 흔히 무심하고 중립적이라고 생각하는 것들, 예를 들면 적당한 부와 건강 등이라는 사실이 사람들에게 널리 이해되기를 말이다.

41.

연극 무대나 극장에서 공연이 열릴 때, 관객들이 어떻게 느끼는지 상상해 보라. 같은 내용이 계속해서 같은 방식으로 보여진다면, 그것은 결국 보기 싫고 지루한 공연이 되고 말 것이다. 우리가 평생 경험하는 모든 일도 마찬가지다. 위아래 세상은 지속되고, 모든 일은 같은 원인에서 비롯되기 때문이다. 그렇다면 이 세상은 언제 끝나는 것인가?

42.

수많은 인물과 그들의 업적을, 나아가 모든 민족과 그 가운데 명멸해 간 삶들을 영원히 기억하라. 그렇게 하면 너는 필리스티온과 포이보스와 오리가니온에게 닿을 수 있을 것이다. 이제 다른 세대로 넘어가 보라. 우리 또한 수많은 변화를 거친 후에 결국은 그곳에 이르게 될 것이다. 훌륭한 웅변가와 심오한 철학자들이 즐비했던 그곳에 말이다. 헤라클레이토스와 피타고라스, 소크라테스 등 그곳에는 헤아릴 수 없이 많은 영웅들이 있었고, 이후에도 수많은 용맹한 장군과 왕들이 있었다. 그들이 사라진 후에는 에우독소스, 히파르코스, 아르키메데스가 나타났다. 그 후에도 명민하고 자애롭고 근면하고 세심하고 용감한 이들이 수없이 다녀갔다. 그들 가운데는 메니포스처럼 인간 삶의 나약함과 덧없음을 조롱하고 비웃던 이도 있었다. 그러한 이들이 지금껏 얼마나 많았던가! 이 모든 인물들을 생각해 보라. 그들은 오래전에 죽고 세상에 없다. 그 죽음으로 인해 그들이 무슨 고통을 겪었는가? 심지어 이름조차 남아 있지 않은 이들이 그 죽음으로 인해 무엇이 더 나빠졌는가? 이 세상에서 정말로 가치 있게 여겨야 할 것은 단한 가지뿐이며, 우리는 그것을 매우 소중히 실천해야 한다. 진실함과 올바름에 따르는 삶이 그것이며, 이를 통해 우리는 거짓되고 불의한 자들도 사랑과 자애로움으로 대해야 한다.

43.

자신을 위로하고 싶거나 삶의 활력을 찾고자 할 때는 일상을 함께하는 이웃들이 가진 미덕과 재능을 생각해 보라. 예를 들어 어떤 사람은 근면하고 다른 사람은 겸손하며, 또 다른 사람은 마음이 따뜻할 것이며 사람마다 제각기 장점이 있을 것이다. 너는 그들의 성품 속에 드러나는 여러 미덕과 유사한 모습을 너 자신에게서 발견하며 무엇보다 큰 기쁨을 얻을 수 있을 것이다. 특히 그러한 모습들이 수많은 이들에 의해, 그리고 가까운 이들에 의해 나타날 때 더욱 그러할 것이다. 그러므로 너는 언제나 사람들의 미덕을 인정하고 받아들이는 마음을 가져야 한다.

44.

너는 몸무게가 너무 가볍다고, 채 100킬로그램이 되지 않는다고 슬퍼하는가? 그렇다면 네가 몇십 년을 살 뿐 더 오래 살지 못한다고 슬퍼하는 것도 같은 이유일 것이다. 주어진 신체와 수치에 만족하듯 시간에 대해서도 그렇게 만족해야 한다.

45.

사람들을 설득하는 일에 최선을 다해야 한다. 하지만 이성과 진리가 너에게 명하는 것이 있다면 그들이 격렬히 반대한다고 해도 실행해야 한다. 누군가 그것을 방해하고 억압한다면 너의 선한 뜻을 다른 방향으로 돌려도 좋다. 정의를 돌이켜 만족과 평정심으로 이끌거나 혹은 기꺼이 인내의 시간을 가져도 좋다. 그렇다면 한 가지 일이 방해 받더라도 다른 일에서 미덕을 실천할 수 있다. 네가 어떤 일을 하고자 결심할 때는 반드시 처음부터 여러 상황과 변수를 염두에 두어야 한다. 네가 목표로 삼은 것은 달성 불가능한 대상이 아니었기 때문이다. 그렇다면 가장 중요한 것은 무엇일까? 모든 욕망이 언제나 적절한 조건으로 절제되는 일이다. 그리고 그것은 네가 원하는 것이 네 힘 안에 있을 때든 그렇지 않을 때든 언제나 가질 수 있는 태도이다. 내가 무엇을 더 바라겠는가? 이성과 자유를 조합하여 내 모든 욕망을 조절할 수 있다면, 그것이야말로 내가 이 세상에 태어난 이유가 아니겠는가?

46.

야망 있는 사람은 타인의 행동과 칭찬과 갈채를 자신의 행복으로 여긴다. 쾌락을 추구하는 사람은 자신의 감각과

기분을 행복으로 느낀다. 하지만 지혜로운 사람은 자신의
행동을 행복으로 여긴다.

47.

다른 사람의 생각과 태도를 수용하지 않을 힘은 네 안
에 있다. 이 힘을 통해 너는 타인의 슬픔과 고통 또한 너의
영혼에서 추출할 수 있다. 어떤 사물이나 대상도 생각을
만들어 내거나 우리에게 주입할 힘을 가지고 있지 않기 때
문이다.

48.

다른 사람이 너에게 말을 하고 네가 그 사람의 이야기
를 들을 때 다른 생각에 빠지지 않도록 하라. 그렇게 한다
면 상대가 누구든 그는 네가 자신의 영혼에 집중하고 있
음을 알고 서로 연결된 것처럼 느낄 것이다.

49.

무엇이든 벌집에 이롭지 않은 것이 벌에게 이로울 수
없다.

50.

승객들이 목적지에 잘 도착하고 환자들이 질병을 깨끗이 치료받는다면 불평하고 불만을 제기할 사람이 있을까? 승객들은 선장이 자신들을 목적지까지 안전하게 데려다주는 것, 환자들은 의사가 자신의 건강을 회복시켜 주는 것 이상의 것을 바라겠는가?

51.

나와 같은 시대를 산 사람들 가운데 얼마나 많은 이들이 이미 세상을 떠났는가?

52.

황달에 걸린 사람은 꿀이 쓰다고 하고, 광견병에 걸린 사람은 물을 두려워하며, 어린아이들은 작은 공을 매우 큰 물체로 느낀다. 그렇다면 나는 왜 화를 내야 하는가? 지나친 분노가 황달을 일으키고 동물의 독이 광기를 불러오듯, 잘못된 생각과 주장이 사람들을 잘못된 길로 이끈다는 사실을 무시하고 있는 것인가?

53.

네가 너의 본성에 따라 산다면 누구도 그것을 방해할

수 없다. 너에게 일어나는 모든 일은 자연의 공통 선이 이
끄는 일들일 뿐이다.

54.

생각해 보라. 사람들은 누구를 기쁘게 하려 하고, 무엇
을 얻으려 하고, 어떤 것을 행하려 하는가. 시간은 얼마나
빨리 모든 것을 휩쓸어 버리는가. 얼마나 많은 것들이 이
미 멀리 휩쓸려 가 버렸는가!

제7권

"앞으로 벌어질 일을
현재 벌어진 일로 단정하지 마라.
그 대신 지금의 일들 가운데
가장 좋은 것을 생각하고
그것에 감사하라."

1.

악이란 무엇인가? 그것은 네가 살면서 이미 여러 번 보고 듣고 느낀 바 있다. 그러므로 너를 괴롭히는 일이 일어날 때마다 이것을 기억하라. 그 일은 네가 수없이 접해 이미 알고 있는 것이라는 사실을. 하늘의 일이든 지상의 일이든 결국 새로운 것은 아무것도 없다. 고대의 이야기도, 근래의 이야기도, 심지어 최근의 이야기도 모두가 같은 일들로 가득 차 있고, 마을과 건물 또한 마찬가지다. 새로운 것은 아무것도 없다. 지금 눈앞에 보이는 모든 것은 익숙하지만 결코 오래 지속되지 않는다.

2.

네가 가진 원칙이나 철학 이론들이 네 안에서 힘과 방향을 잃고 그 본성마저 잃어 원하는 삶을 살지 못하게 될까 두려워하지 마라. 그 원칙과 이론이 격려하는 올바른 생각과 삶에 대한 인식은 네가 계속해서 새로운 곳으로 나아가게 하는 힘이 되기 때문이다. 지금 벌어진 일이 무엇인지, 그것이 옳은지 그른지에 대한 진지한 생각은 내 안에서 나온다. 그것이 사실이라면 내가 왜 괴로워해야 하는가? 내가 관여할 수 없는 외부의 것들은 나와 아무런 상관이 없다. 내가 관여할 수 있는 것은 오직 내 안의 것뿐이다. 언제나 이러한 마음 자세를 가져야 한다. 그럴 수 있다면 너는 언제나 옳은 길을 걸을 수 있다.

3.

신이 허락하기만 한다면 누구라도 얻고자 하는 것이 있다. 사후에나 가능한 일이지만, 인생을 다시 사는 것이다. 그리고 너는 그것을 살아 있는 동안 스스로에게 선사할 수 있다. 이미 경험한 세상을 다시 경험하는 것이다. 다시 살면서 만나는 것은 무엇인가? 대중 행사와 겉치레로 가득한 의식, 연극 무대, 몰려다니는 가축들, 갈등과 투쟁, 굶주린 개들에게 던져진 뼈, 식욕을 자극하기 위해 하늘거리는 물고기 미끼, 가엾은 개미들의 노동과 먹이 나르는 모습, 겁에 질려 이리저리 쫓기는 쥐들, 실과 축에 연결되어 위아래로 흔들리는 꼭두각시들……. 세상의 모습이란 이러하다. 이 모든 것들 가운데서도 흔들리지 말고, 겸허한 마음을 품어서 어떤 분노에도 휘둘리지 않도록 하라. 그리고 다음과 같은 기준으로 이성과 분별을 발휘하라. 집착하는 대상의 가치를 보면 그 사람의 가치도 판별할 수 있다.

4.

입에서 나온 말은 하나하나가 그 자체로 이해되고 인식되어야 한다. 마찬가지로 행동으로 나타나는 일도 제각기 다른 목적으로 이해되어야 한다. 일을 계획하고 실행에 옮길 때 제각기 적절한 상황과 관계를 고려하듯, 말을 할 때도 단어의 의미와 적절한 용례를 숙고해야 한다. 그것이 통상적으로 어떻게 사용되고 있든 상관없이 말이다.

5.

내 이성과 지력이 그 일을 감당할 수 있겠는가, 없겠는가? 만일 감당할 수 있다면, 나는 개인적인 만족이나 외적인 과시 없이 능력을 발휘하여 주어진 일을 수행할 것이다. 만일 감당할 수 없고 그 일이 내 개인적인 의무에 결부

된 것이 아니라면, 나는 그것을 포기하고 더 적합한 사람을 물색할 것이다. 나 혼자 감당하기 어려운 경우라면, 다른 이의 도움을 받아 내 능력을 확장하여 주어진 일을 함께 성취할 것이다. 그것이 시의적절하고 공공의 이익에 필요한 일이라면 말이다. 나는 책무를 수행하는 데 있어 혼자 이루든 타인과 함께하든, 공공의 선과 이익에 부합해야 한다는 유일한 목표만을 바라볼 것이다. 칭찬에 대해 생각해 보라. 한때 최고로 칭송받던 이들도 이제는 완전히 잊혀졌다. 심지어 그들을 칭송하던 이들도 이미 오래전에 죽고 없다. 그러니 다른 사람의 도움이 필요할 때 주저할 필요가 없다. 무엇이든 네가 할 일이 있다면 그것을 병사가 성벽을 오르듯 하라. 만일 다리가 불편하거나 다른 장애로 혼자서 오를 수 없다고 해도, 다른 병사들의 도움으로 임무를 수행할 수 있다면 어떻게 하겠는가? 온전히 혼자서 나아갈 수 없다는 이유로 용기와 사기를 거두겠는가?

6.

장차 벌어질 일로 자신을 괴롭히지 마라. 그 일이 필연적인 것이라면 지금 네가 현재를 받아들이고 헤쳐 나가게 하는 이성이 적절한 대책을 마련할 것이다. 모든 것은 서로 연결되어 묶여 있으며, 그 관계는 신성한 것이다. 세상에 존재하는 것 가운데 어울려 살 수 없고 자연스럽지 않은 것은 없다. 세상에 존재하는 것 가운데 어떤 형태로든 서로 조화를 이루지 않는 것은 없다. 모든 것은 서로 연결되어 있고 각각은 고유한 위치와 질서를 지키기 때문에 세상은 하나의 코스모스κόσμος, 즉 우주가 된다. 그것은 아름답고 질서 정연한 작품이자 구성물과도 같다. 모든 것에는 하나의 동일한 질서가 적용되며, 하나의 신과 동일한 본질과 일관된 원리가 깃든다. 이성적인 모든 존재에게는 공통된 이성과 동일한 진리가 내재되어 있다. 같은 본성과 이성을 공유하는 존재들에게는 오직 하나의 완전함이 있을 뿐이다.

183

7.

모든 물질적인 것은 금세 전체의 공통 실체로 사라지고, 그 물질을 움직이는 형식은 금세 전체의 공통 이성으로 돌아간다. 또한 그것이 무엇이든 모든 명성과 기억은 전체의 시간과 그 시간의 영원한 흐름 속에 삼켜지고 만다.

8.

이성적인 존재에게는 한결같은 행동 자체가 자연을 따르는 것이자 이성에 부합하는 일이다.

9.

곧은 것이 있다면 스스로 그러한 것이지 곧게 만들어진 것이 아니다.

10.

하나의 몸에 수많은 신체 부위가 결합되어 있는 것처럼, 이성적인 존재들은 나뉘고 흩어져 있지만 하나의 목적을 위해 준비되며 나아가고 있다. 이것을 잘 이해하는 사람은 스스로에게 이렇게 말할 것이다. 나는 멜로스*μέλος*, 즉 이성적 존재들의 집합체인 몸의 일부이다. 하지만 이것을 잘 이해하지 못하는 사람은 이렇게 말할 것이다. 나는 메로스*μέρος*, 즉 전체의 부속일 뿐이라고. 이러한 사람은 아직 진심으로 사람들을 사랑하지 못하는 것이다. 그렇다면 네가 선행을 베풀어 기쁨을 얻는다고 해도 그것은 아직 사물의 본질에 대한 이해와 원리에 근거하지 않은 것이다. 너는 그것을 단지 편리하고 합리적인 일로 여겨 실행할 뿐, 타인에게 베푸는 선행이 자신에게 행하는 선행이라는 것을 알지 못하고 있다.

11.

너의 외부에서 일어나는 일은 그것이 영향을 미치는 것

들에게 일어나도록 두어라. 고통받는 것이 있다면 그들 스스로 불평하게 하라. 하지만 나는 그것이 나쁜 일이라고 여기지 않으며 그로 인한 어떠한 해도 입지 않는다. 이렇게 생각하는 것은 내 선택에 달려 있다.

12.

누가 무엇을 하고 무엇을 말하든 너는 선하게 살아야 한다. 그것은 다른 사람을 위해서가 아니라 너 자신의 본성을 위해서이다. 그것은 마치 금이나 에메랄드가, 혹은 자주색이 스스로에게 누가 무엇을 하고 무엇을 말하든 나는 여전히 에메랄드이고 내 색을 유지할 것이라고 말하는 것과 같다.

13.

이러한 생각은 언제나 나의 위안이 되고 피난처가 된다. 즉 모든 것을 다스리는 이성은 스스로에게 고통과 괴로움을 안기지 않는다. 이렇게 말해도 좋을 것이다. 이성은 스스로 두려움 속에 빠지지 않고, 스스로 욕망에 빠지지도 않는다. 누군가 그것을 두려움과 슬픔 속으로 몰아넣으려 한다면, 그가 자신의 힘을 그렇게 사용하는 것은 자유다. 하지만 이성은 스스로 잘못된 생각이나 왜곡된 상태로 나아가지 않을 것으므로, 우리는 무엇도 두려워할 필요가 없다. 우리의 몸에 관해 생각해 보자. 나는 왜 몸의 고통을 마음의 고통으로 받아들여야 하는가? 만일 몸이 스스로 두려움에 빠지거나 불평을 쏟아 낸다면 그렇게 하도록 두라. 그러나 두려움이나 슬픔을 진정으로 느낄 수 있는 것은 오직 영혼뿐이다. 생각과 감정을 가다듬어 그러한 느낌을 받아들일지, 받아들이지 않을지를 결정하는 것은 오직 영혼뿐이다. 그러므로 너는 자신의 영혼을 살피고 그것이 고통을 겪지 않도록 하라. 너의 이성이 생각과 감정에 치우치지 않도록 하라. 이성은 스스로 충분하며, 그 자체가 필요로 하지 않는 어떤 것도 필요로 하지 않는다. 따라서 스스로 괴롭히거나 방해하지 않는 한 이성은 결코 괴롭힘을 당하거나 방해받을 수 없다. 이성은 자신 외에 필요로 하는 것이 없기 때문이다.

14.

행복$_{εὐδαιμονία}$이란 무엇인가? 그것은 선한 영혼, 혹은 선한 정신이다. 그런데 오, 망상이여. 여기서 무엇을 하고 있는가? 신의 이름으로 말하노니 너는 처음 왔던 그대로 이곳을 떠나라. 나는 너를 필요로 하지 않는다. 너는 예전의 습관처럼 이리로 찾아왔으며, 모든 사람을 굴복시킨 기억을 가지고 있구나. 네가 왔다고 해서 너에게 화내는 것은 아니니, 이제는 네 정체를 알고 있노라. 그러니 이제 그만 떠나라.

15.

변화를 두려워하는 사람은 참으로 어리석구나. 모든 존재는 한때 존재하지 않았던 것이 변화를 통해 생겨난 것 아닌가? 변화는 우주의 본성에 더 가깝고 더 익숙한 것이 아니겠는가? 네가 사용하는 온천이 가열되려면 물을 데우는 나무가 먼저 변해야 하지 않겠는가? 네가 먹은 음식이 변하지 않는다면 너는 어떻게 영양분을 얻을 수 있겠는가? 유용하고 이로운 어떤 것도 변화 없이는 이루어질 수 없다. 그런데 너는 왜 죽음을 통해 변화를 체험하는 것이 너의 본성과 우주의 본질에 똑같이 자연스럽고 필수적인 일임을 깨닫지 못하는가?

16.

모든 존재는 우주의 본성에 따라 강물처럼 흘러간다. 각각의 존재들은 같은 본성을 가지고 있기에, 몸의 지체들이 협력하듯 우주와 협력한다. 크리시포스 같은 사람들, 소크라테스 같은 사람들, 에픽테토스 같은 이들이 얼마나 많았는가? 하지만 세월은 이미 오래전에 그들을 삼켜 버렸다. 사람에 대해, 혹은 일에 대해 고민할 때마다 이 사실을 떠올려 보라. 그러면 생각이 어지럽지 않게 되고, 어떤 것에도 집착하지 않게 될 것이다. 모든 생각과 관심 가운데서 나는 오직 하나의 목표만을 바라볼 것이다. 인간의 본성에 어긋나는 행동을 하지 않는 것이 그것이다. 그러한 행위 자체가 중요하고 행하는 방식이 중요하고 주어진 시간이 중요하기 때문이다. 네가 모든 것을 잊게 될 시간이 가까워지고 있다. 또한 너 자신이 모든 사람에게 잊힐 시간도 가까워지고 있다. 살아 있는 동안 인간으로서 가장 합당하고 어울리는 일을 행하라. 그것은 심지어 너를 대적하는 사람까지도 사랑하는 일이다. 그렇게 할 수 있다면 너는 모든 사람이 네 가족이라는 사실을 알게 될 것이다. 우리는 무지로 인해 죄를 짓고, 자신의 의지에 반해 죄를 지으며, 그 후 얼마 지나지 않아 이 세상에 머물지 않게 된다. 무엇보다도 우리가 서로에게 아무런 해를 끼치지 않았다는 사실을 기억하라. 타인으로 인해 네 마음과 정신이 이전보다 더 나빠지고 열등해지지 않았기 때문이다.

17.

우주의 본성이 되는 만물의 공통 물질은 마치 밀랍과도

같아서, 그것은 말이 되었다가 형태를 거두고 나무라는 형태와 물질로 다시 태어나기도 한다. 그리고 다시 사람의 형태와 물질이 되고, 다시 또 다른 무언가로 모습을 바꾼다. 그리고 모든 것은 매우 짧은 시간 동안만 존재한다. 물질이 흩어지는 현상에 대해 생각해 보자. 가슴과 몸통이 나란히 결합된 것이 괴롭지 않다면, 그것들이 분리되는 것은 왜 괴로워해야 하는가?

18.

화를 내는 것은 자연에 반하는 일이다. 그것은 종종 죽음을 앞둔 사람의 표정이기도 하다. 그런데 네 안의 모든 분노와 정념이 완전히 사라져 다시 불러올 수 없게 되었다고 해도 그것으로 만족해서는 안 된다. 올바른 이성과 추론을 통해 분노라는 감정이 이성에 반하는 것임을 온전히 이해하고 깨달아야 한다. 만일 네가 자신으로부터 고귀함을 느끼지 못한다면, 그리고 이성에 따라 살아간다는 선한 양심의 위안마저 사라진다면, 더 이상 무엇을 위해 살아야 하는가? 지금 네가 보고 있는 모든 것은 단지 순간일 뿐이다. 세상 만물을 주관하는 자연은 언제나 변화를 가져오며, 하나의 본질로 무수한 것들을 만들어 낼 것이다. 그리고 또 얼마 지나지 않아 그 새로운 것들로 다른 것들을 만들어 낼 것이다. 이런 방식으로 명멸하는 세상은 언제나 신선하고 새로운 모습으로 나타난다.

19.

어떤 사람이 잘못을 저질렀다면 즉시 생각해 보라. 그가 무엇을 선이라고 생각했고 무엇을 악이라고 생각했는지. 그렇다면 그 사람을 연민하게 될 것이며, 놀라거나 화낼 이유도 없을 것이다. 네가 그 사람처럼 오류와 무지 속을 살며 그 사람처럼 행동하고, 그 사람처럼 세속적인 것을 선이라 여긴다면, 너 또한 그와 같은 상황에서 그와 같은 일을 하고 있을 것이기 때문에 그를 용서할 수밖에 없다. 반대로 네가 그 사람과 같은 것을 선이나 악으로 여기지 않는다면, 오류에 빠진 그 사람을 관대하게 여기지 않을 이유가 있는가?

190

20.

앞으로 벌어질 일을 현재 벌어진 일로 단정하지 마라. 그 대신 지금의 일들 가운데 가장 좋은 것을 생각하고 그것에 감사하라. 그것이 없다면 얼마나 간절히 그것을 원하게 될지 놀랄 것이다. 하지만 조심해야 한다. 현재의 것에 지나치게 만족한 나머지 시간이 지나고 그것이 사라질 때

Marcus Aurelius

까지도 애착을 쏟는다면 그것은 너에게 고통과 괴로움이 된다. 자신의 내면을 돌보는 일이야말로 이성이 내리는 명령이니, 만일 이를 통해 정의를 행사하고 그로 인해 내면의 평온을 얻는다면, 너는 다른 어떤 것도 필요 없이 스스로에게 온전한 만족을 선사할 수 있다.

21.

주장을 버려라. 이성에 부합하지 않는 욕망과 감정의 격랑도 멈추어라. 현재의 시간을 아껴 쓰고, 나와 타인에게 일어난 일들을 살펴라. 눈앞에 있는 대상을 형식적인 것과 물질적인 것으로 나누어라. 그리고 마지막 시간을 상상해 보라. 이웃이 잘못을 저질렀다면 책임 있는 사람이 책임지면 될 뿐, 더 이상 집착하지 마라. 발언한 모든 것을 하나하나 검토하라. 너의 마음이 결과와 원인을 꿰뚫어 보도록 하라. 진실된 단순함과 겸손함으로 스스로를 기쁘게 하고, 미덕과 악덕 사이의 모든 중간적인 것들이 너에게 무관심하도록 하라. 종국에는 인간을 사랑하고 신을 경외하라.

22.

그가 말하길, 모든 것은 특정 질서와 섭리에 따라 이루어진다. 존재하는 것이 오직 원자들 뿐이라면 어떨까?

모든 일은 일반 법칙에 따라 일정한 질서와 법칙으로 이루어진다. 많은 이들이 이러한 사실을 알지 못하지만, 우리는 그것을 기억하는 것만으로도 충분하다. 죽음에 관해서는 분해, 원자, 소멸, 멸종, 전환 등 어느 형식으로든 마침내 벌어지고 말 것이다. 고통에 관해서는 참을 수 없는 고통이라면 곧 죽음으로 끝나고, 오래 지속되는 고통은 반드시 참을 수 있다는 점을 기억하라. 그러는 동안에도 모든 것을 주관하는 마음은 고통과 몸 사이의 교감을 차단하여 스스로 평온을 유지할 수 있다. 너의 이성은 고통으로 인해 나빠지지 않는다. 고통을 겪는 신체 부분이 있다면 스스로 그 고통을 표현하도록 두어라. 칭찬과 찬사에 관해서는 그것을 행하는 이들의 마음과 태도를 살펴라. 그들이 어떤 상황에 있고 무엇을 원하고 무엇을 피하는지 알아보라. 바닷가 모래 위에 그려진 형상이 끝없이 밀려오는 물결에 덮여 금세 사라지는 것처럼, 우리의 삶도 과거의 일은 뒤이어 일어난 일에 금세 감춰지고 만다.

23.

플라톤은 말했다. "진정한 관용의 마음을 품은 사람, 모든 시간과 모든 사물을 관조하는 데 익숙한 사람에게 이 필멸의 삶이 중요해 보이겠는가? 그럴 리 없다. 그렇다면 그런 사람이 죽음은 괴로운 일이라고 여기겠는가? 결코 그렇지 않다."

24.

안티스테네스*Antisthenes*는 이렇게 말했다. "옳은 일을 행하고도 나쁜 말을 듣는 것은 왕다운 일이다. 얼굴은 마음에 끌려다니며 마음이 원하는 대로 모양을 바꾸고 표정을 꾸미는데, 정작 마음은 자신을 가꾸고 스스로에게 가장 어울리는 모습을 하기 위해 아무 노력도 기울이지 않는다면, 그것은 부끄러운 일이다."

25.

시인과 희극작가들은 이렇게 말했다. "분노와 짜증을 벌어진 사건에 돌린다면 그것은 아무런 도움이 되지 않을 것이다. 그 사건은 그것을 느끼지 못하기 때문이다. 단지 신과 인간의 웃음거리가 될 뿐이다. 우리의 삶은 잘 익은 곡식 이삭처럼 수확된다. 누군가는 아직 서 있지만 누군가는 이미 베어졌다. 그러나 만일 신들이 나와 자녀를 돌보지 않는다고 해도, 거기에는 이유가 있을 것이다. 내가 정의와 공의의 편에 서 있는 한 슬퍼할 것도, 두려워할 것도 없다."

26.

플라톤은 이렇게 말했다. "내가 정의롭고 공정한 것을 말한다면 이와 같을 것이다. 훌륭한 사람 중 생명과 죽음을 두려움이나 위협으로 느껴야 한다고 생각하는 사람이 있는가? 그보다는 자신의 행위가 의로운지 불의한지, 혹은 그 행위가 선을 지향하는지 악을 지향하는지를 살피는 것이 우선이다. 이것이야말로 가장 바람직한 태도이기 때문이다. 아테네 시민들이여, 우리가 스스로 선택한 역할이나 법적 권위로 부여받은 지위를 수용했다면, 어떤 고난이 닥쳐온다고 해도 맡은 자리에서 최선을 다해야 한다. 그리고 그 지위에 맞지 않는 행동은 죽음이나 다른 무엇보다 부끄러워해야 한다. 고귀한 그대들이여, 진정한 포용과 행복이 오직 자신과 측근의 생명을 유지하는 데 있는지 생각해 보라. 참된 인간이라면 오래 살기를 바라지도, 자신의 삶에 지나치게 집착하지도 않을 것이다. 대신 모든 일을 신들에게 맡길 것이며, 누구도 죽음을 피할 수 없다는 순리를 인정할 것이다. 그러한 사람이 힘쓰고 노력할 유일한 것은, 오직 살아 있는 동안 선하고 덕스러운 사람이 되는 일이다. 별과 행성의 움직임을 추적하며 궤도를 관찰하고, 상호 영향을 주고받는 자연의 요소들을 끈기 있게 탐구해 보라. 이러한 관찰과 상상은 지상의 삶에서 마주하는 추하고 하찮은 생각을 정화하는 데 큰 도움이 된다." 플라톤은 또한 지상의 세속적인 것들에 대해 이렇게 말했다. "너는 마치 더 높은 곳에서 세상을 내려다보듯 살아야 한다. 양 떼와 군대, 농부들의 노동, 결혼과 이혼, 출생과 죽음, 법정과 재판소의 소동, 황무지, 수많은 야만 민족, 공공 축제, 애도, 집회, 장터 같은 것들이 보일 것이다." 지상에 있는 모든 것들이 얼마나 서로 뒤섞여 있는지, 그리고 서로 반대되는 것들이 우주의 아름다움과 완전함을 위해 얼마나 놀라운 조화를 이루고 있는지 생각해 보라.

27.

　　과거 시대의 사건들을 되새겨 보라. 수많은 왕국과 공화국의 흥망성쇠를 생각해 보라. 그러면 앞으로 다가올 일들도 예상해 볼 수 있다. 모든 일은 결국 같은 방식으로 다가올 것이다. 지금 세상에서 일어나고 있는 일의 조화와 리듬을 깨뜨릴 수는 없기 때문이다. 그러므로 한 사람이 40년 동안 세상을 관찰하든 만 년 동안 세상을 관찰하든 결국은 똑같을 뿐이다. 더 볼 것이 무엇이 있겠는가? '땅에서 나온 것은 다시 땅으로 돌아가고, 하늘에서 나온 것은 다시 하늘의 자리로 돌아갈 것이다.' 그것이 단지 정체불명 원자들의 복잡한 얽힘과 결합이 풀리는 것이든 단순하고 부패하지 않는 요소들로 흩어지는 것이든, '사람들은 음식이나 음료를 만들고 수많은 주술을 부리며 죽음을 피하려 하지만, 어떤 수단과 노력을 기울인다고 해도 결국은 높은 곳에서 불어오는 바람을 견뎌야 한다.'

28.

나보다 더 강인한 몸을 가졌고 레슬링에 뛰어난 사람이 있다고 하자. 그것이 무슨 의미가 있는가? 그가 더 너그러운가? 더 겸손한가? 역경을 더 평온하게 받아들이고, 이웃의 잘못을 더 온화하고 관대하게 대하는가?

29.

공통된 이성이 신과 인간 모두를 관장한다면 슬픔이나 괴로움을 느낄 필요가 없다. 인간의 본성에 맞게 계획되고 실행된 일에 이득과 혜택이 자명하다면, 거기서 어떤 손해를 의심하는 것은 이성에 반하는 일이다. 어느 장소에서도, 어떤 시간에서도, 너는 너에게 일어난 일을 경건한 신의 섭리로 받아들이고 함께하는 모든 이들을 공정하게 대하며, 너에게 떠오르는 생각들을 명확하게 나열하라. 그러면 일의 본질을 올바로 이해하기 전에는 어떠한 성급한 판단도 하지 않게 될 것이다.

Marcus Aurelius

30.

　다른 이들의 생각을 살피기보다는 우주의 본성을 헤아리고, 너의 행위가 너를 어디로 인도할지 지켜보는 편이 낫다. 우리 모두는 자연의 섭리에 따라 각자에게 주어진 과업을 수행할 의무가 있다. 우리가 세상에서 보는 것처럼 이성이 없는 존재들은 이성적인 존재의 활동을 위해 준비되고, 열등하고 비천한 것은 더 나은 것을 위해 만들어진다. 하지만 이성적인 존재들은 서로 화합하기 위해 만들어진다. 그러므로 이성적인 이들의 본성에서 첫째로 중요한 것은 공동의 선을 추구하는 일이다. 둘째로 중요한 것은 육체의 욕망과 충동에 굴하지 않는 일이다. 이성적이고 지적인 능력은 스스로를 단속하는 특권을 의미하며, 감각이나 욕망은 결코 그것을 이기지 못한다. 그러한 자극은 동물적인 영역에서 작용하기 때문이다. 요컨대 이성은 하위 영역을 지배하며, 올바른 상태에서라면 어느 쪽에 종속되는 것도 허용하지 않는다. 이는 당연한 일인데, 본래 이성은 신체의 모든 곳을 지배하도록 만들어졌기 때문이다. 세 번째로 중요한 것은 성급함과 무모함을 거부하고, 스스로 오류에 빠지지 않는 일이다. 마음은 자신에게 집중할 뿐 어떤 것에도 흔들림 없이 나아가야 한다. 그러면 자신의 목적을 달성할 뿐 아니라 더 나아가 행복에 이르게 된다.

31.

주어진 삶을 모두 살았기에 자연스럽게 죽음을 맞이할 사람처럼 살아라. 너의 시간을 여생을 의미 있게 보내라는 뜻으로 부여받은 잉여의 선물로 생각하라. 운명이 네게 허락한 일이라면 무엇이든 사랑하고 받아들여라. 그보다 더 이성적인 행위가 있을 수 있겠는가? 어떤 고난이나 불행이 엄습할 때, 즉시 그것을 구체화하여 장면을 떠올려 보라. 언젠가 누군가에게도 똑같은 일이 벌어졌다는 사실을 생각하라. 그들은 어떻게 했는가? 그들도 슬퍼했고 놀랐고 투덜댔다. 그런데 그들은 지금 어디에 있는가? 모두 죽어서 흔적조차 없다. 그들의 삶은 스스로에 대해서나, 함께한 이들에 대해서나 오직 변덕스러운 언행뿐이었고, 그에 대한 어떤 기준점조차 마련되지 않았으니, 너 또한 그들처럼 살아갈 것인가? 아니면 그러한 삶은 세속적인 이들에게 허락하고 너는 오직 자신의 여건을 바르게 활용할 방법을 고민하고 실천할 것인가? 너는 여러 사례들에서 좋은 것을 선택할 수 있으며, 그것은 일상에서 활용하기에 적합한 지침이 될 것이다. 네가 하고자 하는 일을 겸허히 받아들이고 그것에 만족하고자 노력한다면 말이다. 이 두 삶의 모습을 결코 잊지 마라. 네가 행하는 판단과 행동의 수많은 양상에 따라 그것은 달라질 것이다. 자신의 내면을 들여다보라. 그곳에 모든 선善의 원천이 있다. 그 원천은 끝없이 솟아나는 샘물과도 같아서, 네가 계속해서 깊이 파헤친다고 해도 결코 메마르지 않을 것이다.

32.

스스로를 다스려라. 주저하고 흔들리는 움직임과 태도를 버리고, 당당하고 근면한 사람이 되어라. 네 마음이 얼굴과 표정을 단속하여 품위를 만들듯, 네 몸도 적절히 단련하여 힘을 갖길 바란다. 이 모든 것을 행할 때는 조금의 과장도 없이 자연스럽게 하라.

33.

세상을 살아가는 데 필요한 기술을 익히는 것은 춤 연습보다 레슬러의 연마에 더 가깝다. 양측 모두 공감할 이유는 이것이니, 우리에게 필요한 것은 어떠한 일을 마주해도 그것을 헤쳐 나갈 준비를 하는 것이고, 어떤 것도 우리를 쓰러뜨리지 못하도록 힘을 기르는 일이기 때문이다.

34.

너는 끊임없이 스스로 생각하고 고민해야 한다. 네가 인정과 칭송을 받고자 하는 사람들이 어떤 이들인지, 그리고 그들의 생각과 마음이 어떠한지 말이다. 그러면 그들이 어떤 과오를 저질렀다고 해도 불평할 필요를 못 느낄 것이고, 그들이 너를 칭찬하지 않는다고 해도 괴로움을 느끼지 않을 것이다. 그들의 생각과 욕망의 본질과 토대를 꿰뚫어 볼 수 있다면 말이다. 사람들은 말한다. 어떤 영혼도 스스로 진리를 잃지는 않는다고. 그렇다면 정의, 절제, 관용, 자애로움 등의 덕목도 스스로 사라지지 않는다. 이 사실을 언제나 기억해야 한다. 그렇게 할 수 있다면 너는 모든 이들에게 훨씬 더 자애롭고 관대한 사람이 될 수 있다.

35.

크나큰 고통 속에서도 이것을 기억하라. 어떤 일도 네가 부끄러워할 것은 없으며, 어떤 일도 모든 것을 통솔하는 너의 이성을 나쁘게 만들 수 없다. 고통은 그 자체의 본질에 있어서도, 혹은 공동선을 추구하는 형식에 있어서도 네 이성을 변화시키거나 부패시킬 수 없다. 고통을 감내하는 일에 대해서는 다음과 같은 에피쿠로스의 말을 통해 영감을 얻을 수 있다. 그는 고통이란 "참을 수 없는 것도 아니고, 영원한 것도 아니다."라고 했다. 그러므로 우리가 이성의 정도를 지키고 살면서 잘못된 주장에 미혹되지 않는다면 어떤 고통도 견딜 수 있다. 세상에는 고통과 불만이 도처에 있지만, 인내하는 마음이 부족해 그것을 고통으로 느끼는 경우도 있다는 사실을 알아야 한다. 이를테면 잠자리가 불편하거나, 무더위를 견뎌야 하거나, 식욕이 사라졌을 때처럼 말이다. 이러한 일들이 불만스러울 때 자신에게 이렇게 이야기하라. "지금 고통이 나를 덮치고 있는 것은 내 인내가 부족한 탓이구나."

36.

유별나게 사악한 사람을 대할 때도 사람들이 서로를 대할 때처럼 불필요한 감정을 소모하지 않도록 주의하라.

37.

소크라테스가 정말로 특별하고 고귀한 성품을 가졌는지 우리가 어떻게 알 수 있을까? 그가 영예로운 죽음을 맞이했다는 사실과, 소피스트들과 예리한 논쟁을 벌였다는 사실과, 차디찬 날씨 가운데서도 정진을 멈추지 않았다는 사실과, 죄 없는 살라미니우스를 데려오라는 명령에 불복한 사실 등으로 알 수 있는 것은 아니다. 그를 증오한 이들의 증언처럼 그가 거리에서 매우 근엄하고 오만하게 걸었다는 사실도 마찬가지다. 우리는 이러한 주장들이 사실인지 아닌지를 의심할 필요가 있으며, 설사 사실이라고 하더라도 그것이 정말 칭찬받을 일인지, 비난받을 일인지도 깊이 생각해 보아야 한다. 그러므로 우리가 탐구해야 할 것은 이것이니, 소크라테스가 어떤 영혼을 가졌고 어떤 성품을 가졌는지에 관한 부분이다. 그가 삶에서 가장 우선순위로 추구한 것이 단지 사람들에게 관대하게 행동하고 신들을 경건하게 모시는 일이었는지도 살펴보아야 한다. 그가 다른 사람의 악행에 스스로를 괴롭히지는 않았는지, 공포나 우정에 얽매여 다른 사람의 악행이나 악한 생각에 동조하지는 않았는지 말이다. 신의 섭리로 자신에게 벌어진 일들에 대해 놀라거나 참기 힘든 시련이라고 생각하지는 않았는지, 마지막으로 그의 마음이 몸의 감각과 감정에 결코 동조하지 않았는지 생각해 보아야 한다. 자연의 섭리가 우리의 몸과 마음을 섞어 놓았다고 해서, 스스로를 다스리고 자신의 목적과 필요를 추구하는 마음의 능력이 부족하다고 생각해서는 안 된다.

38.

한 개인이 매우 신성한 존재이면서도 세상에 전혀 알려지지 않을 수 있다는 건 충분히 가능한 일이다. 항상 기억해야 할 것은 인간의 행복은 매우 작은 것에 달려 있다는 사실이다. 네가 뛰어난 논리학자나 자연과학자가 될 수 없어 절망할 수는 있지만, 그렇다고 해서 관대하거나 겸손하거나 자애롭거나 신에게 순종하는 사람이 될 수 없는 것은 아니다.

39.

어떠한 억압 아래서도 너는 자유와 기쁨과 열정 가득한 너만의 시간을 누릴 수 있다. 사람들이 네게 온갖 비난을 쏟아붓거나 야생동물이 네 피부를 찢는 일이 일어난다고 해도, 그 일들이 네 마음의 평온과 고요함을 깨뜨릴 수는 없다. 너에게 벌어지는 일을 제대로 바라보고 주어진 모든 상황과 기회를 바르게 사용한다면, 너는 마음의 평온과 고요를 얻을 수 있다. 이때 마음의 판단은 스스로에게 닥친 고난에 대해 이렇게 말할 수 있어야 한다. '사람에 따라 의견이 다를 수는 있겠지만, 너는 진실로 이러한 존재이며 그 일은 네 본성에 따른 것이다.' 그리고 마음의 분별력은 눈앞의 대상을 향해 이렇게 말할 수 있어야 한다. '바로 내가 찾던 것이다.' 지금 존재하는 것이 무엇이든 나는 그것을 언제나 내 이성의 반영으로, 사회적인 관용을 발휘할 대상으로 받아들일 것이다. 가장 중요한 것은, 그 일이 신을 찬양하는 것이라 할지라도 사람들에게 이로움을 주어야 한다는 것이다. 세상에서 벌어지는 모든 일은 자연의 보편적인 흐름에 따라 신이나 인간 중 하나와 연관된다. 그리고 자연에서 보는 모든 것은 결코 새롭지 않고, 순리에 어긋나지 않고, 다루기 힘들지 않다. 모든 것이 익숙하고 수월할 뿐이다.

40.

누군가 자신의 삶과 행동에서 완전함의 경지를 보인다면, 그는 매일을 마치 마지막 날인 듯 사는 사람이다. 그의 감정은 지나치게 뜨겁거나 격하지 않으며, 그렇다고 아무런 감각이 없는 차가운 상태도 아니다. 그는 모든 위선에서 자유로울 뿐이다.

41.

불멸의 신들은 기나긴 역사에 존재했던 모든 죄인들을 분노 없이 참아 내고 그들이 아무런 부족함 없이 살아가도록 두는데, 필멸의 존재인 너는 더 이상 이웃을 참아 줄 수 없다며 분노를 표한단 말인가? 하지만 실상은 너 자신도 그 죄인들 중 하나라는 사실을 생각하라. 자신 안에서 나오는 악덕과 악행을 억제할 수 있음에도 이를 허용하면서도, 타인의 안에 있는 악을 억누르려 하는 것은 우스운 일이다. 그것은 불가능한 일이기 때문이다.

42.

우리의 합리적이고 사회적인 능력이 어떤 덕목을 만나든, 그것이 이성을 만족시키거나 자비를 실천하는 데 기여하지 못한다면, 그 덕목은 그에게 어울리지 않는 것으로 보아도 무방하다.

43.

네가 좋은 일을 했고 그로 인해 누군가 혜택을 받았는데도 어리석은 사람처럼 별도의 보상을 바랄 것인가? 이를테면 네가 행한 선행이 사람들에게 널리 알려지거나 시간이 지난 뒤 구체적인 보답을 얻길 바라는가? 누구도 자신에게 유익한 일에 싫증 내지 않으며, 모든 유익한 행동은 자연에 따라 행해진다. 그러므로 너에게 유익한 동시에 다른 이에게도 유익한 일을 하는 데 싫증 낼 필요는 없다.

44.

우주의 원리를 생각해 보자면, 세상이 창조되기 전에 신의 숙고와 결심이 있었고 그 이후에 창조가 이루어졌다. 이후 세상에 존재하고 나타난 모든 일은 그 첫 번째 숙고의 결과일 뿐이다. 또한 우주를 지배하는 이성이 특정한 것들에 대해 생각하고 관심을 보였다면, 그것은 분명 이성적이고도 중요한 창조물이며 신의 특별한 돌봄과 섭리의 대상일 것이다. 이 점을 생각한다면 너의 마음은 더욱 평안해지리라.

제8권

"축복이 찾아온다면
자랑하지 말고 그저 받아들여라.
그러면 그것이 떠나갈 때도 기꺼이,
그리고 쉽게 놓아줄 수 있다."

1.

우주의 본성을 숙고하는 일은 허영심을 피하는 데 도움이 된다. 네 평생이, 혹은 적어도 젊은 시절부터 철학자의 삶을 살아온 네 삶이 누군가에게 칭송받을 자격이 되지 않는다는 사실을 생각한다면 이해할 수 있을 것이다. 네가 온전한 삶에 반하는 일을 수없이 행한 사실은 너 자신에게나 다른 사람들에게나 잘 알려져 있기 때문이다. 너는 여러 행보에서 혼란을 겪었고, 이제 철학자로서의 명성과 신뢰를 회복하고자 하지만 쉽지 않을 것이다. 또한 너의 소명 의식과 직업 또한 그것과 어울리지 않는다. 네가 만일 진정으로 중요한 것을 알고 있다면 명성과 평판을 걱정하지 말고 신경 쓰지도 마라. 남은 삶이 많든 적든 네 본성이 요구하는 대로 나아가며 네가 태어난 자연의 섭리에 따르는 것으로 만족하라. 그러므로 너는 네 본성이 무엇을 원하는지 알기 위해 노력해야 하고, 그밖에 다른 어떤 것도 너를 혼란스럽게 하지 않도록 주의해야 한다. 너는 이미 충분히 알고 있다. 지금까지 잘못을 범하고 혼란을 겪었던 많은 일들 가운데 어떤 것에서도 행복을 찾을 수 없었다는 사실을. 논증이나 논리적 정교함에서도, 재물에서도, 명예와 평판에서도, 어떤 쾌락에서도 그것을 찾을 수 없었다. 이들 가운데 어느 것도 행복을 담보하지 못했다. 그렇다면 행복은 어디에서 찾아야 하는가? 행복은 인간으로서의 본성이 요구하는 것들을 묵묵히 실천하는 데 있다. 그렇다면 그런 일을 어떻게 실천할 수 있을까? 그것은 모든 생각과 행위의 근원이 되는 원칙과 신념이 올바르고 진실해야만 가능하다. 그렇다면 원칙과 신념이란 무엇인가? 그것은 선과 악에 관여하는 방식이다. 즉 인간에게 진정으로 선하고 유익한 것은 사람을 정의롭고, 절제하고, 용감하고, 관대하게 만들지만, 인간에게 진정으로 악하고 해로운 것은 그와 반대되는 결과를 만든다.

2.

어떤 일이든 행동하기 전에 자신에게 이렇게 물어보라. '이 일을 마쳤을 때 좋은 마음을 가질 수 있을까? 이 일을 두고 후회하게 되지는 않을까?' 나는 머지않아 사라질 것이고, 모든 것은 끝날 것이다. 그렇다면 내가 더 이상 무엇을 신경 써야 할까? 무엇이든 내 현재 행동이 이성이라는 존재에게 적합한 것이 되도록 하는 일 외에 무엇이 있을까? 그 행동의 목적은 공동선을 추구하는 일이고, 선善과 이성의 법칙과 조화를 이루는 일이다.

3.

알렉산더와 카이우스, 폼페이우스는 디오게네스와 헤라클레이토스와 소크라테스와 무엇이 다른가? 뒤의 인물들은 사물의 진정한 본성을 알았고, 모든 것의 원인과 핵심을 꿰뚫어 보았으며, 그 가운데서 자신들의 능력과 권위를 높이 세웠다. 하지만 앞의 인물들은 그들이 범한 오류의 범위만큼이나 인간에 대한 억압을 증대시켰다.

4.

누군가 벌인 어떤 일은 네가 스스로 목숨을 끊는다고 해도 사라지지 않는다. 무엇보다 그 일을 마음에 두지 마

라. 모든 선과 악은 우주의 본성과 여러 조건에 따라 발현되지만, 아주 짧은 시간 안에 모든 것이 끝날 것이며, 누구도 그것을 기억하지 않을 것이다. 예를 들면 오늘날 스키피오나 아우구스투스가 그렇게 된 것처럼 말이다. 다음으로는 너의 일에만 마음을 두어라. 그 일을 깊이 들여다보며 스스로에게 이렇게 말하라. '나는 여전히 선한 사람이 되어야 할 소명을 가졌으며, 인간으로서 나의 본성이 원하는 것이 무엇인지 생각해야 한다.' 네가 하는 일에서 멀어지지 말고, 네게 가장 정의롭다고 여겨지는 것을 말하라. 단, 자애롭고 겸손하고 위선 없이 말하라.

5.

우주의 본성이 관심을 쏟는 일은 이곳의 것을 저곳으로 옮기고, 그것을 변화시켜 다시 가져왔다가 또 다시 다른 곳으로 옮기는 일이다. 그러므로 너는 어떠한 새로운 것도 두려워할 필요가 없다. 모든 것은 익숙하고 무난한 것이며, 모든 것은 공평하게 이루어진다.

6.

모든 개별적인 것의 본성은 자신에게 적합한 길로 나아갈 때 조화를 찾는다. 이성적인 것의 본성은 다음과 같은 경우에 그렇게 된다. 첫째, 거짓되거나 불확실한 상상이나 환상에 동의하지 않을 때. 둘째, 모든 생각과 행동에서 오직 공동선을 지향할 뿐, 자신의 힘으로 이루거나 피할 수 없는 것에 대해서는 욕망하지도, 두려워하지도 않을 때. 셋째, 공통의 자연에 의해 부여받고 규정된 것을 기꺼이, 그리고 기쁘게 받아들일 때가 그러하다. 잎사귀 하나의 특성이 전체 나무와 전체 식물의 공통된 본성인 것처럼, 인간의 모든 특성도 전체 자연의 일부이다. 그러나 잎사귀의 본성은 이성도 없고 감각도 없는 본성의 일부이며, 본래의 목적이 방해받을 수 있는 종속적이고 노예적인 본성이다. 반면에 인간의 본성인 이성과 정의는 방해받을 수 없다. 따라서 자연은 모든 것의 가치를 지속 시간, 본질, 형태, 작용, 사건 등에 공정하게 분배한다. 하지만 그것이 절대적이고 독립적으로 동일한지를 따지기보다는, 하나의 양상을 다른 양상들과 비교하고, 그것을 전체적인 맥락에서 고려하며 전반적인 균형을 찾아야 한다.

7.

독서를 할 방법도, 시간도 없다면 어떻게 해야 할까? 하지만 네게는 자신을 훈련할 기회와 시간이 있지 않은가? 자신을 대적하려 하지 말고, 육체의 쾌락과 고통에 맞서 싸우며 그것을 극복하고자 노력하라. 명예와 허영을 경멸하라. 너를 무시하거나 감사를 모르는 사람에게 화내기보다는, 여전히 그들을 돌보고 그들의 삶을 염려해 주어라.

8.

앞으로 궁정 생활의 고충에 대해서는 사람들에게든 너 자신에게든 불평하지 마라.

9.

뉘우침이란 유익한 어떤 것을 소홀히 대하거나 누락한 것을 스스로 책망하는 행위다. 유익한 것은 곧 선한 것이기 때문에, 정직하고 덕 있는 사람이라면 그것을 중요하고도 가치 있는 것으로 여겨야 한다. 하지만 정직하고 덕 있는 사람 가운데 누구도 육체적 쾌락을 소홀히 하거나 누락한 것에 대해 후회한 적이 없다. 그러므로 육체적 쾌락은 선한 것도 아니고 유익한 대상도 아니다.

10.

네가 마주하는 모든 것에 대해 이렇게 질문해야 한다. 이것이 온전한 형태라면 그 자체로는 무엇이고, 본질적으로는 무엇인가? 이것의 실체는 무엇이고 재료와 용도는 무엇인가? 이것의 형태는 무엇이고 이렇게 된 원인은 무엇인가? 이것이 세상에 존재하는 이유는 무엇이고, 세상에서 얼마 동안 지속될 것인가?

11.

잠에서 깨기 어렵고 일어나기 힘들 때면 스스로에게 이렇게 속삭이라. '공동선을 실천하는 것이 나의 본성과 인간의 본성이 지향하는 바이다.' 그러나 잠자는 일은 이성이 없는 생명체들도 누리는 일이다. 인간이 자신의 본성에 따르는 것이야말로 무엇보다 타당하고, 자연스러우며, 또한 기쁘고 친근한 일이 아니겠는가?

12.

가능하다면 환상과 상상이 솟아오를 때마다 그것의 진정한 본질과 고유한 특성을 고민하고, 그것에 대해 이성적으로 논박하라.

13.

누군가와 처음 만날 때, 즉시 이렇게 자문하라. '이 사람은 선과 악에 대해, 고통과 쾌락에 대해, 그리고 그 모든 것의 원인에 대해, 명예와 불명예에 대해, 삶과 죽음에 대해 어떤 생각을 가지고 있을까? 다양한 생각을 가지고 있을 것이다.' 그런데 어떤 사람이 특정 생각을 가지는 것이 놀라운 일이 아니라면, 그가 그렇게 행동하는 것도 놀라운 일이 될 수 없지 않겠는가? 나는 이렇게 이해할 것이다. 그 사람이 그러한 생각을 가지고 있다면, 그는 지금의 행동을 할 수밖에 없을 것이다.

14.

어떤 상황에서 생각을 바꾸고 자신을 바로잡을 수 있는 사람을 추종하는 것은 처음부터 홀로 올바른 것을 추구하는 일만큼이나 솔직하고 합리적인 일이다. 너에게 요구되는 것은 너 자신의 생각과 판단이며 또한 너 자신의 이해력을 벗어나지 않는 일이다.

15.

만일 그 일이 네가 결정할 수 있고 수행할 수 있는 일이라면 그것을 하지 않겠는가? 하지만 자신이 주도할 수 없는 일이 있다면 누구를 탓하겠는가? 원자들을 탓하겠는가, 아니면 신들을 탓하겠는가? 그렇게 탓하는 사람은 미친 사람뿐이다. 그러므로 누구도 탓하지 마라. 만일 네 힘으로 잘못을 바로잡을 수 있다면 그렇게 하라. 만일 할 수 없다면 불평하는 것은 아무 소용이 없다. 모든 일은 반드시 어떤 목적을 갖고 행해져야 하기 때문이다.

16.

어떤 것이 죽고 쓰러진다고 해도, 어디서 어떻게 죽고 쓰러지든 세상 밖으로 사라질 수는 없다. 그것은 언제나 이 세상 안에 존재하고 변화하며, 그 본연의 요소들로 분해될 것이다. 그 요소들은 세상의 구성 요소들과 같으며, 그것은 또한 너를 구성하는 요소이기도 하다. 어느 것도 이러한 변화를 불평하지 않는데, 너는 왜 불평하는가?

17.

모든 것은 일정한 목적을 두고 만들어졌다. 말이 그렇고 포도나무가 그렇다. 놀라운 일인가? 하지만 태양조차도 스스로를 두고 "나는 어떤 목적을 위해 만들어졌다."라고 말할 것이다. 마찬가지로 신들도 각자 고유한 역할이 있다. 그렇다면 너는 무엇을 위해 만들어졌는가? 세상을 즐기고 쾌락을 맛보기 위해서인가? 상식과 이성조차도 그 말을 받아들이지 못한다.

18.

자연은 시작과 지속에서뿐 아니라, 그 끝과 최종적인 완성에도 목적을 가진다.

19.

공을 던지는 사람을 생각해 보라. 공이 위로 올라간다고 해서 더 좋아지는 것이 아니고, 아래로 떨어진다고 해서 더 나빠지는 것이 아니며, 땅에 떨어진다고 해서 달라지는 것도 없다. 비눗방울도 마찬가지다. 계속 존재한다고 해서 나아지는 것이 아니고, 터진다고 해서 나빠지는 것이 아니다. 촛불도 마찬가지다. 심지어 명성이나 죽음을 생각할 때도 이처럼 이성적으로 따져 보아야 한다. 죽음에 이를 뿐인 몸 자체의 천박함에 대해 알고 싶다면, 신체 곳곳을 여러 각도에서 살펴보라. 보기 좋은 모습뿐 아니라 가장 좋지 않은 모습도 살펴라. 몸이 늙고 시들고 병들고 아플 때, 그리고 욕망과 방종에 빠질 때 어떻게 보이는지 상상해 보라. 사람의 명성에 대해서도 같은 논리로 따져 보라. 인생은 짧다. 칭송하는 사람도, 칭송받는 사람도, 기억하는 사람도, 기억되는 사람도 곧 먼지와 재가 될 것이다. 게다가 네가 칭송받는 것은 세상의 한 구석에서일 뿐이다. 그 구석에서조차 모든 사람의 칭송을 받는 것도 아니며,

실제로는 어느 누구에게서도 꾸준히 칭송받지 못한다. 심지어 세상 전체도 우주 전체에 비하면 하나의 점에 불과하지 않은가?

20.

네가 진지하게 고민해야 할 것들이다. 물질 자체, 원리나 원칙, 작용, 그리고 진정한 감각과 그것의 의미다.

21.

너에게 벌어진 일들은 너에게 일어날 만한 일들이었다. 스스로 개선하고자 하는가? 오, 너는 오늘보다 내일 더 나은 사람이 되고자 하는구나.

22.

그 일을 내가 해야 할까? 일의 목적이 사람들에게 선을 선사하는 것이라면 그렇게 할 것이다. 나에게 고난과 역경이 닥친다 해도 나는 신들과 그들의 섭리를 생각하며 그 일을 받아들일 것이다. 모든 것의 근원인 신들이 관여하는 일이라면 나와도 연결되고 관련되는 일이기 때문이다.

23.

한 가지 행위로 전체를 판단할 수 있다. 우리가 터무니없이 많은 시간을 허비하는 목욕은 어떤 행위인가? 기름과 땀과 오물, 그러니까 몸에서 나오는 찌꺼기를 제거하는 일이다. 목욕물에는 끈적거리는 분비물과 몸에 붙어 있던 기름 찌꺼기와 전에 발랐던 연고가 녹아내린 액체가 섞여 있어 불결하고 혐오스러울 뿐이다. 우리 삶의 거의 모든 부분은 물론 세상의 모든 일들이 이와 다르지 않다.

24.

루실라는 베루스를 묻었지만, 이후 루실라도 다른 이의 손에 묻혔다. 세쿤다는 막시무스를 묻었으나 세쿤다도 남의 손에 묻혔다. 에피틴카노스는 디오티모스를 묻었지만 에피틴카노스 또한 남의 손에 묻혔다. 안토니누스는 파우스티나를 묻었지만 안토니누스 또한 남의 손에 묻혔다. 이것이 세상의 순리다. 켈레르는 하드리아누스를 묻었지만 켈레르 또한 남의 손에 묻혔다. 저 용맹했던 사람들, 다른 이들의 죽음을 예언하던 사람들, 자부심과 위엄으로 가득차 있던 인물들은 지금 어디에 있는가? 그러니까 세상 누구보다 엄숙했던 사람들, 이를테면 카락스, 플라톤주의자 데메트리오스, 에우다이몬, 그리고 그들과 같은 수많은 사람들 말이다. 그들 모두 하루 같은 삶을 살았을 뿐이며, 이미 오래 전에 죽고 없다. 그들 중 일부는 죽음과 동시에 잊혔고, 그들 중 소수는 신화로 변해 버렸다. 어떤 이들은 신화로서조차 오래전에 잊혔다. 기억해야 할 것은 이것이니, 너를 이루고 있는 모든 것은 곧 흩어질 것이며, 너의 목숨과 숨결, 영혼은 더 이상 존재하지 않게 되거나 특정한 장소나 지위로 전환될 것이다.

25.

인간의 참된 기쁨은 인간 고유의 일을 행하는 것이다. 인간에게 가장 고유한 일은, 첫째로 자신과 같은 본성과 감각기관을 가진 이에게 자애로움을 행하는 것이며, 둘째로 모든 감각적 충동과 욕망을 멀리하는 것이다. 셋째로 모든 허황된 공상과 망상을 깨우치고, 우주의 본질과 그 안에서 이루어지는 일들을 분별하는 것이다. 분별을 위해 세 가지 관계를 관찰해야 한다. 첫째는 눈에 보이는 이차원 세계에 대한 관계이다. 둘째는 그 세계가 본래적으로 기원하는 근원적 원인, 즉 신에 대한 관계이다. 셋째이자 마지막은 우리가 함께 살아가며 교류하는 사람들과의 관계로, 이를 통해 어떤 유익과 이로움을 추구할 수 있는지 생각해 볼 수 있다.

26.

만일 고통이 악에 속해 있다면, 그것은 몸과 관련 있거나 영혼과 관련 있을 것이다. 그런데 고통이 악이라고 생각하지 않는 것으로 자신의 평온과 안정을 도모하는 것은 영혼의 능력에 속한다. 모든 생각과 판단, 취향과 혐오는 자신의 내면에서 비롯되며, 악에 대한 감각은 스스로 인정하여 받아들이지 않는 한 내면으로 침투할 수 없다.

27.

모든 헛된 망상을 벗어던지고 자신에게 끊임없이 말하라. 지금 내가 원하기만 한다면 스스로의 영혼으로부터 모든 악과 모든 욕망과 모든 탐욕, 그리고 모든 근심과 혼란을 내쫓을 수 있다고. 모든 것을 그 본래의 본성에 따라 바라보고 숙고하며 모든 것에 대해 그 자체의 가치를 직시하며 행동할 수 있다고. 다시 말하건대, 자연이 네게 부여한 이 능력을 잊지 마라.

28.

옆에 있는 사람에게 말하든 의회에서 발언하든 너의 말은 언제나 진중하고 겸손해야 한다. 그러나 진정으로 선하고 품위 있는 것을 말할 때도, 세속적인 것의 헛됨을 말할

때도 지나치게 직접적이거나 노골적인 표현으로 말하지는
마라.

29.

　아우구스투스의 궁전과 그곳에 머물던 아내와 딸과 조
카들과 사위들과 여동생과 아그리파와 친척들과 집안 사
람들과 친구들과 아레이오스와 마에케나스와 희생 제물
을 위해 짐승을 죽이고 점을 치던 사람들까지, 하나의 궁
전 전체가 죽음 뒤로 사라진 풍경이 보이지 않는가? 이제
는 아우구스투스 이후에 있었던 다른 사람들을 생각해
보자. 그들이 생전에 얼마나 위대하고 화려했는지를 따져
죽음이 그들을 특별히 대우했는가, 아니면 보통 사람과 다
를 것 없이 대접했는가? 이제 한 가문과 구성원 전체의 죽
음을 생각해 보자. 이를테면 폼페이 가문이나, 혹은 어떤
묘비에 새겨진 '그는 가문의 마지막 사람이었다'라는 문구
를 떠올려 보라. 그의 선조들은 얼마나 애를 써서 후손을
남기려 했을까. 그러나 결국 누군가는 가문의 마지막 사람
이 될 수밖에 없다. 이제 다시 한번, 한 가문 전체의 죽음
에 대해 깊이 생각해 보라.

30.

네 삶의 모든 행위를 단일한 척도와 비율로 간소화하라. 그리고 매 순간 너의 힘과 능력을 다해 합당한 일을 한다면 그것으로 충분하다고 생각하라. 누가 너를 막아 합당한 일을 하지 못하게 하겠는가? 물론 외부의 방해나 장애물이 나타날 수는 있다. 어떤 것도 네가 행하는 공정하고 절제된 신의 역사를 막을 수는 없지만, 일부의 행동이 방해받을 수는 있다. 그럴 때 너를 방해하는 바로 그 상황마저도 기꺼이 포용하라. 그럴 수 있다면 너는 마음을 가라앉히고 평온한 삶을 회복하여, 처음 의도했던 것이 아니더라도 새로운 환경에 집중할 수 있을 것이다. 그러면 이전의 노력 대신 또 다른 수고를 들여야 하지만, 그것을 통해서도 지금 우리가 말하는 삶의 간소화와 조화를 추구할 수 있다.

31.

잠시 동안의 축복이 찾아온다면 그것을 자랑하지 말고 그저 받아들여라. 그러면 그것이 떠나갈 때도 기꺼이, 그리고 쉽게 놓아줄 수 있다.

32.

손발이나 머리가 몸에서 잘린 채 떨어져 있는 것을 본다면 생각해 보아라. 신체를 몸에서 분리하듯 개인을 전체에서 분리하려 애쓰는 사람에 대해서 말이다. 무엇이든 벌어진 일에 불만을 느끼고 세상과 절연하는 사람, 인간 사이의 상호 연대와 사회적 교류를 훼방하는 사람, 비인도적인 행위를 일삼는 사람이 그러한 자들이다. 네가 누구이든 너 자신이 그러한 사람이라면, 너 또한 자연의 전체적인 통일성에서 어디론가 떨어져 나간 존재이다. 태어날 때는 하나의 일부로 태어났음에도, 이제는 스스로를 끊어 내려는 존재가 된 것이다. 하지만 그 상황에서도 기쁨과 환희를 회복할 수 있다. 너는 다시 전체와 결합될 수 있기 때문이다. 신은 분리되어 잘려 나간 어떤 사물에게도 다시 결합하여 전체와 함께할 능력을 부여하지 않았다. 그러나 보라, 인간을 귀하게 여기신 신의 위대하고 광대한 선함을! 최초에 인간은 스스로 원하지 않는 한 전체로부터 분리되지 않도록 만들어졌고, 한 번 분리되어 잘려 나갔더라도 스스로 원하기만 하면 다시 돌아와 결합할 수 있다. 신은 인간이 이전처럼 전체의 일부로서 지위와 역할에 복귀할 수 있도록 질서와 원리를 세우셨다.

33.

우주의 본성은 자신의 거의 모든 능력과 속성을 각각의 이성적 존재에게 나누어 주었다. 우리 인간도 그 능력과 속성을 나누어 받았다. 그 섭리는 인간이 주어진 의도와 목적에 반하고 저항한다고 해도 결국은 자신에게로 끌어들여 예정된 목적을 실행하는 데 이용한다. 그렇게 해서 우리가 원하든 원하지 않든 그 섭리와 의도에 부합하게 된다. 그리고 우리를 자기 자신의 일부로 만든다. 모든 이성적인 존재는 유한한 삶의 여정에서 마주하는 장애물과 방해물을 자신의 자연스러운 목적과 행복으로 수렴시키는 적절하고 유용한 대상으로 활용한다.

34.

인간의 유한한 삶과 그 고통을 묘사한 사람들의 소문에 고통받지 마라. 세상 사람들이 그러하듯, 마음이 이리저리 흔들리도록 두어 네가 겪는 고뇌와 슬픔이 재난 꾸러미처럼 생각 속에 쌓이도록 방치하지 마라. 어떤 일이든 개별적인 사건이 벌어질 때마다 이렇게 자문해 보라. '이 상황에서 내가 참기 힘든 지점은 어디인가?' 그러면 그것을 인정하는 것이 부끄럽게 느껴질 것이다. 그렇다면 즉시 생각하라. 과거의 일도, 미래의 일도 너를 해할 수 없으며,

오직 현재의 일만 너를 상처 줄 수 있다는 사실을. 그리고 현재의 일조차도 당면한 사태를 분명히 파악하면 불안과 공포가 사라진다는 것을. 그런 다음, 짧은 순간조차 인내하지 못하는 자신의 마음을 꾸짖으라.

35.

판테이아나 페르가모스가 지금도 주인의 무덤을 지키고 있을까? 아니면 카브리아스나 디오티모스가 지금도 하드리아누스의 무덤가에 앉아 있을까? 어리석은 일일 뿐이다! 그들이 그렇게 한 일을 주인들이 알기나 했을까? 설사 알았다고 해도 그것을 기뻐하기는 했을까? 설사 기뻐했다고 해도 그들이 불멸이라도 되었을까? 그들 역시 남녀 불문하고 시간이 지나 늙어 죽을 운명으로 정해져 있지 않았을까? 그들이 일단 죽으면 곁에 있던 이들은 어떻게 되는가? 결국 이 모든 일이 무엇을 위한 것이었던가? 모두는 그저 살과 피로 이루어진 존재들이 아니면 무엇이었을까?

36.

누군가 말했다. 네가 통찰력 있는 사람이라면 최선의 판단과 분별력을 발휘할 때 그 능력을 사용하라고.

37.

인간이 가진 모든 덕목 가운데, 정의에 반대하여 그것에 저항하고 대적하는 미덕은 알지 못한다. 그러나 쾌락과 탐닉에 저항하고 대적하는 미덕은 분명하다. 그것이 바로 절제다.

38.

해롭고 불쾌해 보이는 것들에 대한 편견과 감정을 버릴 수 있다면 너는 평온할 수 있다. 사람이 온전히 이성적일 수는 없지 않냐고 묻는다면 그 말도 옳다. 하지만 최소한 네 이성이 슬픔을 받아들이지 않게 하라. 만일 네 안에 슬퍼하는 무언가가 있다면, 그것이 스스로 슬픔을 느끼게 해 보라. 그것이 가능하다면 말이다.

39.

감각을 방해하는 것은 감각 본능을 거스르는 악이다. 욕구와 취향을 방해하는 것도 감각 본능을 거스르는 악이다. 감각 본능의 경우처럼, 생명 유지와 관련된 기능을 방해하는 것 역시 인간 본성에 대한 악이 된다. 마찬가지로 생각과 감정을 방해하는 것도 이성적 본성에 있어서 반론의 여지 없는 악이다. 이제 이 모든 원리를 네 자신에게 적

용해 보라. 고통이나 즐거움이 너를 사로잡았는가? 감각이
그것을 처리하도록 두라. 네가 생각하고 계획한 것이 장애
물에 부딪혔는가? 네가 만일 예외 없는 무조건적인 목표
를 세웠다면, 네 이성적 부분이 실망했을 것이다. 그러나
네가 처음부터 어떤 상황이든 받아들일 준비를 하며 계획
을 세웠다면, 너는 그로 인한 어떠한 해도 입지 않았고 본
질적인 방해도 받지 않은 것이다. 본질적으로 마음에 속
한 것들은 어느 누구의 방해도 받을 수 없기 때문이다. 화
염도, 검도, 폭군의 억압도, 중상모략의 혀도, 그 어떤 것도
사람 마음 깊숙이 침투할 수 없다.

40.

한번 연마되어 단단해졌다면, 결코 변화를 두려워할 필
요가 없다.

41.

다른 사람을 슬프게 한 적 없는 내가 왜 스스로 슬픔
에 빠져야 하는가? 어떤 사람은 이것을 기뻐하고, 다른 사
람은 저것을 기뻐한다. 나에게 있어서 기쁨이란, 자신에 대
한 이해가 바르고 건전하며, 누구에게도 반감을 가지지 않
고, 인간으로서 감당해야 할 것을 거부하지 않는 것이다.

모든 것을 온유와 관용으로 바라보고, 모든 것을 포용하며, 모든 것에 대해 그 자체의 가치와 조화를 이룰 수 있다면, 그것이야말로 나의 기쁨이다.

42.

지금 이 시간을 너 자신에게 선물하라. 사후 명성을 추구하는 이들은 사후에 등장할 후손들이 현재 그가 참지 못하는 이들과 별반 다르지 않다는 사실을 생각하지 못한다. 그들 또한 한낱 유한한 인간들일 뿐이다. 그런데 설사 후손들이 그들을 칭송한다고 한들, 그들이 제각기 말하거나 주장하는 내용들이 너와 무슨 상관이 있는가?

43.

나를 데려다가 저 멀리 내던져 보라. 나는 전혀 개의치 않을 것이다. 왜냐하면 그곳에서도 내 안의 영혼이 나를 보살필 것이기 때문이다. 나는 언제나 한결같은 본성 가운데서, 그리고 그 본성에 합당하고 어울리는 여러 행동들 속에서 완전한 기쁨으로 자족할 것이기 때문이다.

44.

상황이 좋지 않아도, 그로 인해 내 영혼이 고통받고 전보다 쇠락할 만큼 그것이 우월한 것인가? 이를테면 처절하게 낙담하거나, 삶의 뿌리가 흔들리거나, 정처 없이 혼란스러워하거나 두려워할 만큼 말이다. 네가 무엇보다 중심에 두어야 할 것은 과연 무엇인가?

45.

네가 인간인 이상 너에게 일어나는 모든 일은 본질적으로 너에게 속한 것이다. 황소나 포도나무, 돌멩이에게 그들의 본성에 속하지 않는 일이 일어날 수 없는 것처럼, 모든 것은 자신의 본성에 합당한 일들을 맞이한다. 그러므로 자연스럽고 보편적인 일이 아니라면 어떤 일도 벌어지지 않는다. 그런데 너는 왜 불만을 가지는가? 분명한 것은, 모든 존재의 공통된 본성은 누구도 견딜 수 없는 일을 불러오지 않는다는 사실이다. 그러므로 네 슬픔의 원인이 외부에서 온 것이라도, 진정으로 슬픔을 일으키는 것이 그것이 아니라, 그것에 대한 너 자신의 생각과 의견이라는 것을 알아야 한다. 그리고 그것은 네가 원할 때 폐기할 수 있다. 하지만 너 자신의 태도에 문제가 있어 세상일들이 너를 슬프게 한다면, 너는 네 도덕적 신념과 생각을 바로잡을 수도 있지 않겠는가? 네가 옳고 정의롭다고 여기는 것을 행하지 않아 슬프다면, 슬픔에 머물기보다는 그 옳은 일을 행하는 것이 더 좋지 않겠는가? 네 힘보다 강한 어떤 것이 너를 방해하고 있고 그것이 네 잘못이 아니라면 슬퍼하지 마라. 혹시라도 행하지 못하면 네 삶이 가치 없다고 생각하는가? 그렇다면 모든 이들을 온화하고 너그럽게 대하는 마음 상태 가운데서 삶을 떠날 수도 있을 것이다. 네가 추구하는 일에 방해가 되는 사람들을 포용하는 마음으로 죽는다면, 어느 때보다도 훌륭한 상태로 삶을 마감하게 되기 때문이다.

46.

네 마음은 본래 강직한 본성을 가졌다는 사실을 기억하라. 자신을 돌아보고 내면에 집중하는 사람의 마음은 누구도 꺾을 수 없는 불굴의 존재가 되며, 어떤 외부의 억압도 허용하지 않는다. 그리고 자신의 모습에 자족한다. 설령 그것이 이성에 반하는 행위라고 할지라도 그러하다. 하물며 이성의 도움으로 사리를 분별할 수 있을 때는 더욱 그렇지 않겠는가? 그러므로 너의 요새가 되고 안식처가 되는 곳은 정념으로부터 자유로운 마음이어야 한다. 그보다 강력하고 튼튼한 피난처는 어디에도 없다. 이를 알지 못하는 사람은 무지한 사람이며, 이를 알고도 그곳을 피난처로 삼지 않는 사람은 불행한 사람이다.

현상이 너에게 드러내는 훼손되지 않은 모습을 그대로 받아들여라. 거기에 다른 것을 덧붙일 필요는 없다. 누가 너에 대해 나쁜 말을 한다는 전언을 들었다고 하자. 그것도 괜찮다. 그가 너에 대해 나쁜 말을 하는 것, 그것이 벌어진 일의 전부다. 하지만 네가 그로 인해 상처받는 것은 벌어진 현상이 아니다. 그것은 생각의 부산물이며 너는 그것을 배제해야 한다. 나는 내 아이가 아파하는 모습을 본다. 그가 아파하는 모습을 보이지만, 그의 생명이 위태롭지는 않다. 이처럼 현상이 바깥으로 나타나는 최초의 모습과 인식을 그대로 받아들여야 할 뿐, 자신의 의견이나 상상을 그것에 덧붙여서는 안 된다. 덧붙이더라도 세상 모든 일의 본성을 이해하고자 하는 태도로 그렇게 해야 한다.

48

오이가 쓰다면 그냥 버려라. 가시덤불이 길을 막는다면 피해서 가라. 그것이면 충분하다. 그럴 때마다 스스로에게 '이것들이 세상에 존재하는 이유가 무엇인가?' 하고 묻지 마라. 자연의 신비를 아는 사람이라면 그러한 질문을 던지는 사람을 비웃을 것이다. 네가 목수나 구두 수선공의 작업장에 가서 나무조각이나 가죽 조각을 보고 그 모습을 비난한다면, 그들이 오히려 너를 비웃을 것이다. 그들이 여분의 재료들을 한동안 작업장에 두는 이유는 버릴 곳이 없어서가 아니다. 하지만 우주의 본성은 그러한 버릴 장소마저 두고 있지 않다. 우주의 아름다움과 예술의 경이로움이 바로 여기에 있다. 스스로를 특정한 경계와 한계 안으로 제한했음에도, 내부의 부패나 여분의 찌꺼기들을 자기 자신으로 변모시키고, 또한 그러한 것들로부터 새로운 것을 만들어 낸다. 그래서 자연은 새로운 재료나 물건을 공급받기 위해, 혹은 완전히 썩고 부패하여 회복 불가능한 것을 버릴 장소를 찾기 위해 자신의 외부를 탐색할 필요가 없다. 자연은 공간과 물질과 기술 등 어떤 측면에서도 스스로에게 충분한 존재이다.

49.

게으르지 말고 방탕하지 마라. 나태한 모습을 겉으로 드러내지 마라. 대화 중에 다투거나 말꼬리를 잡지 마라. 자신의 생각과 상상 속에 갇힌 채 방황하지 마라. 영혼을 비겁하게 움츠리지 말고, 밖으로 거칠게 내던지거나 함부로 분출하지도 마라. 하는 일 없이 시간을 허비하지 마라.

50.

누군가 나를 죽이고, 내 살을 베고, 나를 저주하며 괴롭힌다고 해도, 그래서 무엇이 어떻게 되었다는 것인가? 그런 일이 있어도 네 마음은 여전히 맑고 순수하고 절제되고 공정할 수 있지 않은가? 마치 맑고 깨끗한 샘물에 누군가 흙탕물을 일으킨다고 해도, 이내 여전히 맑고 깨끗한 물을 흘리는 것처럼 말이다. 설령 흙이나 오염물을 던져 넣는다고 해도 시간이 지나면 그것은 가라앉고 샘은 다시 깨끗해진다. 샘물의 원천은 그것에 물들거나 오염되지 않는다. 그렇다면 어떻게 해야 내 안에 샘이 솟아나 우물보다 맑은 상태가 유지될 수 있을까? 끝없는 아픔과 투쟁 가운데서도 사랑을 행하고 진정한 자유를 실현해야 하며, 소박함과 겸손함으로 자신을 다스려야만 한다.

51.

세상이 무엇인지 모르는 사람은 자신이 어디에 있는지 알 수 없다. 세상이 무엇을 위해 만들어졌는지 모르는 사람은 세상의 본질과 속성이 무엇인지 알 수 없다. 그렇다면 이 둘 가운데 하나라도 모르는 사람은 자신이 무엇을 위해 세상에 던져졌는지 모르는 것이다. 네 생각은 어떠한가? 자신이 어디에 있는지, 자신이 무엇인지도 모르는 사람들의 환호와 갈채를 중대한 일로 여겨도 되는 것인가? 한 시간에 너를 세 번이나 저주할 수 있는 사람에게 칭찬 받기를 원하는가? 자신에게조차 만족하지 못하는 사람들을 만족시키고자 분투하고 있는가? 자신의 거의 모든 일을 후회하는 사람들을 만족시키고자 고심하고 있는가?

52.

이제부터 우리는 우리를 둘러싸고 호흡하도록 하는 공기만 공유할 것이 아니라, 세상 만물을 둘러싼 이성의 본질과도 같은 마음을 공유해야 한다. 우리가 받아들일 수만 있다면 그것은 본래적으로 어디에나 놓여 있으며, 공기처럼 모든 것을 허용하고 있다. 우리가 그것을 제대로 받아들일 수만 있다면 말이다.

53.

일반적으로 악행은 세상에 해를 끼치지 않는다. 한 사람의 악행은 다른 누구도 아닌 악을 저지른 그 사람에게 해로울 뿐이다. 심지어 그에게는 은혜와 자비가 허락되어 있어서, 스스로 원하기만 하면 언제든 그것에서 벗어날 수 있다. 나의 자유의지는 이웃의 자유의지와 같은 것이어서, 그가 누구든 그의 생명이나 신체는 나와 전적으로 무관하다. 우리는 모두 서로를 위해 만들어졌지만, 각자의 생각과 마음은 각자 제한된 관할권을 가진다. 그렇지 않다면 다른 사람의 악행이 나의 악이 될 수 있지만, 신은 그것을 허락하지 않으셨다. 다른 사람의 힘이 나의 불행이 되도록 하지 않기 위함이다. 그러므로 이제 나를 불행하게 만들 수 있는 것은 오직 나 자신의 악행뿐이다.

54.

태양 빛은 멀리 퍼져 나가는 것처럼 보인다. 그런데 실제로 그것은 분산될지언정 낭비되지는 않는다. 이것은 확장, 혹은 확산이라고 할 수 있다. 그래서 태양 빛이란 단어는 '확장되다$\dot{\varepsilon}\kappa\tau\varepsilon\acute{\iota}\nu\varepsilon\sigma\theta\alpha\iota$'라는 뜻의 그리스어에서 유래한 햇빛$\dot{\alpha}\kappa\tau\tilde{\iota}\nu\varepsilon\varsigma$이라는 말로 정착됐다. 햇빛이 무엇인지 알고 싶다면, 어두운 방에 들어가 좁은 구멍을 통해 유입되는 빛을 관찰해 보라. 빛은 언제나 직선으로 뻗어간다. 공기가 지날 수 없는 단단한 물체에 부딪히면 나아가지 못하지만, 미끄러지거나 떨어지지도 않고 그곳에 그대로 머문다. 마음의 확산도 이와 같아야 한다. 우리의 마음은 흩어지지 않고 확장되어야 하기 때문이다. 마음이 길을 가다가 장애물이나 방해물을 만난다고 해도, 거칠고 성급한 방식으로 그것을 대하지 말아야 하며, 낙담하거나 무너져 내려서도 안 된다. 대신 그 자리에서 상황을 받아들이고 차선책을 마련해야 한다. 받아들여지지 않는 것에 대해서 스스로 빛을 회수하고 꺼 버린다면, 그것은 자신의 잘못이고 손실일 뿐이다.

55.

죽음을 두려워하는 사람은 감각이 완전히 사라지게 될 것을 두려워한다. 혹은 감각이 예전 같지 않게 될 것을 두려워한다. 하지만 그는 오히려 이렇게 생각해야 한다. 만일 감각이 전혀 없다면 악에 대한 감각도 없을 것이고, 감각이 남아 있다면 남은 삶이 있다는 뜻이다. 그리고 그것은 완전한 죽음에 이르지 않았다는 뜻이다.

56.

모든 사람은 서로를 위해 존재하도록 만들어졌다. 그러므로 우리는 다른 사람을 더 나은 방향으로 인도해야 한다. 그렇지 않으면 타인의 존재를 인내해야만 한다.

57.

마음의 작용은 화살을 발사하는 것과 전혀 다르다. 마음의 화살은 신중하고 주의 깊게 활을 다루지 않아도, 정확한 방향을 향해 있지 않아도, 심지어 특별한 주의를 기울이지 않아도 스스로 지향점을 향해 똑바로 나아가기 때문이다.

58.

네가 만나는 모든 사람의 마음 상태를 꿰뚫어 보고 깊이 이해하라. 마찬가지로 너도 다른 사람이 네 마음을 꿰뚫어 보고 이해할 수 있도록 마음의 문을 활짝 열어 두라.

239

제9권

MEDITATIONS

MARCUS AURELIUS

"나는 오늘 모든 괴로움을 던져 버렸다.
네가 겪는 괴로움이 무엇이든,
그것은 외부에 있는 것이 아니라
너의 생각 속에 있을 뿐이다."

1.

불의한 사람은 불경한 사람이다. 우주의 본성은 모든 이성적 존재가 서로를 위해 존재하며 서로 돕도록 만들었기 때문이다. 각 사람의 처지와 상황이 다르겠지만, 그럼에도 우리는 결단코 서로 화합해야 한다. 그러므로 이성의 의지를 거스르는 자는 태초부터 있어 온 존재이자 가장 존경받는 존재인 신들에 대해 불경죄를 범하는 자이다. 우주의 본성은 모든 존재의 공통된 부모와도 같아서 모두가 경건하게 따르고 존중해야 한다. 지금 존재하는 모든 것은 처음 존재했던 것과 혈연과 친족의 관계를 가진다. 우주의 본성은 진리이자 모든 진리의 근본 원인이다. 그러므로 고

의로 거짓말을 하는 사람은 불경한 사람이다. 진리를 받아들이지 않는 것으로써 불의를 저지르고 있기 때문이다. 또한 의도치 않게 거짓말을 하는 사람은 우주의 본성을 드러내지 못하고 있는 것이며, 세상의 본성과 자신의 본성을 일치시키지 못함으로써 자신의 행동 그 자체로 보편의 질서를 위반하는 것이다. 자신의 본성을 거스르며 진리에 반하는 것에 자신을 의탁하는 자는 우주의 본성에 거스르며 갈등하고 있는 것과 같다. 우주의 본성은 이미 그에게 진리를 깨달을 수 있는 능력과 기회를 부여했으나, 그것을 한결같이 무시해 온 그는 이제 진리와 거짓을 구분할 수 없게 되었다. 또한 쾌락을 진정한 선으로 여기며 그것을 추구하거나, 고통을 진정한 악으로 여기고 그것을 피하는 자도 불경한 자다. 그런 사람은 신이 선한 사람과 악한 사람에게 서로 다른 것을 주었다며 필연적으로 보편의 본성을 비난하게 되기 때문이다. 그들은 악한 자는 쾌락과 쾌락의 원인을 부여받고, 선한 자는 고통과 고통의 이유를 부여받는다고 생각한다. 세상의 고통과 시련을 두려워하는 사람은 언젠가 세상에서 반드시 겪게 될 일을 두려워하는 것이다. 이것이 불경한 것이라는 점은 이미 언급했다. 쾌락을 추구하는 자는 자신의 욕망을 이루기 위해 불의를 범할 것이고, 이는 당연히 불경한 행위가 아닌가. 우주의 본성에게는 고통과 쾌락을 구분하는 일이 전혀 중요하지 않다. 만일 한쪽이 더 중요했다면 그 본성은 두 가지 모두를 창조하지 않았을 것이다. 그러므로 그 본성에 따라 살고자 하는 사람은 그와 같은 마음과 생각을 가져야 하며, 그 모든 것들을 동등하고 무심하게 대해야 한다. 따라서 쾌락과 고통, 삶과 죽음, 명예와 불명예처럼 우주의 본성이 무심히 관조하는 가치들 가운데 어느 하나에 탐닉하는 자가 있다면 그는 불경을 범하는 사람이다. 보편적인 본성이 이러한 것들을 무심히 관조한다는 것은, 그러한 일들이 평범한 삶 가운데 무수히 나타난다는 뜻이다. 이것은 필연적인 결과다. 그것이 주된 사건이든 부수적인 일이든, 세상에서 벌어지는 모든 일은 최초의 섭리이자 오래된 계획의 실현일 뿐이다. 그 섭리는 특정 시작점에서 그러한 세상을 창조하기로 결심했고, 마치 태아가 성장하고 변화하고 생존할 이성적이고 신체적인 능력을 품고 있듯, 존재의 여러 요소들을 일정한 수와 형태로 결정해 두었다.

2.

일생을 거짓과 위선, 탐욕, 교만으로부터 떨어져 지낸 사람이 이 세상을 떠나는 것은 분명 행복하고 만족스러운 일일 것이다. 그러나 그렇게 사는 것이 불가능하다면, 삶에 지쳐 애정을 잃은 뒤라고 할지라도 세상을 떠나는 것이 위로가 될 수 있다. 마음의 정욕에 지속적으로 시달리며 사는 것보다는 나은 일일 테니까. 전염병은 피해야 한다는 사실을 경험을 통해 배우지 못했는가? 마음의 질병은 허공을 떠도는 전염병보다 훨씬 심각한 병이다. 후자는 생명 활동에 영향을 미치는 병이지만, 전자는 인간의 이성적 능력에 영향을 미치는 병이다.

3.

죽음을 무시하는 태도를 가져서는 안 된다. 그것을 인간 본성에 새겨진 일들 중 하나로 기꺼이 받아들이는 마음을 가져야 한다. 이가 나고, 청년이 되고, 나이를 먹어 성장하고, 더욱 성숙하고, 머리가 세고, 아이를 낳고, 출산하고 양육하는 것이 인간에게 주어진 시기에 따른 자연스러운 행동이듯, 죽음 또한 자연스러운 일이다. 그러므로 지혜로운 사람은 어떠한 경우에도 공포나 오만으로 죽음에 맞서지 않고, 단지 자연 작용 중 하나로 여기며 인내심을 갖고 죽음을 기다린다. 영혼은 태아가 태중에 싸여 있듯 몸 안에 감싸인 존재다. 태중에 있는 아기가 탄생을 기다리듯, 영혼 또한 몸이라는 외피와 껍질을 벗어날 날을 기다려도 좋다. 너는 더 편리한 방법, 직접적이지도 않고 철학적이지도 않지만, 가볍지 않고 효과 좋은 죽음 극복 방법을 원할지도 모른다. 그렇지만 네가 떠날 때 네 삶을 기꺼이 놓을 수 있는 가장 강력한 방법은 네가 떠나는 대상이 무엇인지, 더 이상 관계 맺지 않게 될 이들이 어떤 이들인지 생각하는 일이다. 물론 그들에 대해 불쾌감을 가져서는 안 되며, 그들을 포용하는 마음으로 함께한 삶을 축복해야 한다. 그러나 이것을 기억하라. 네가 세상을 떠날 때 너와 똑같이 생각하는 사람을 떠나보내는 일은 없을 것이다. 네가 너와 같은 신념을 가진 이들과 함께하고 있다면, 그것이야말로 죽음을 꺼리게 하고 세상에 머물고 싶게 하는 유일한 이유일 것이다. 하지만 너는 너와 다른 신념을 가진 이들과 함께하는 것이 얼마나 고된지 이미 알고 있지 않은가? 그러므로 우리는 오히려 이렇게 말할 수 있게 된다. '죽음이여, 서둘러 주시기 바랍니다. 그렇지 않으면 나 또한 흐르는 시간 속에서 나 자신을 잃을 수 있습니다.'

4.

죄를 짓는 자는 자신에게 죄를 짓는 것이다. 불의한 자는 자신을 해하는 자인데, 그가 이전보다 자신을 더 악하게 만들기 때문이다. 때로는 잘못을 범하는 사람뿐 아니라 어떤 일을 하지 않는 사람도 불의하다.

5.

세상일을 올바로 인식하고, 행동이 자비로우며, 신으로부터 비롯된 모든 것을 기꺼이 받아들일 수 있다면, 내 삶은 그것으로 충분하다.

6.

환상을 버리고, 신중히 행동하고, 욕망을 다스리고, 마음이 스스로 자유롭도록 하라.

7.

이성 없는 모든 존재들의 토대에는 오직 하나의 이성 없는 영혼이 있고, 이성적 존재들의 토대에는 오직 하나의 이성적 영혼이 있다. 이 영혼들은 모두에게 나뉘어 있다. 마치 지상의 모든 존재가 하나의 땅에 올려져 있고, 우리가 보는 모든 것이 하나의 빛 가운데 있으며, 숨 쉬는 모든 존재가 하나의 공기로 연결된 것처럼 말이다. 그러므로 모든 존재는 자신이 공유하는 본래적 자아의 일부를 자연스럽게 느끼고 그것을 사랑한다. 그것이 자신과 같은 종류의 본성을 지녔기 때문이다. 지상의 모든 것은 자신의 본성인 대지로 돌아가려 하고, 액체도 그 본성과 함께 흐르려 하며, 공기도 그 본성 속에 섞이려 한다. 그러므로 외부의 힘이나 장애물이 없으면 그것들은 서로 떨어져 있을 수 없다. 불의 경우, 특유의 속성 때문에 위로 향할 뿐 아니라, 함께 타오르고 결합하는 성질이 강해서 물기가 저항하지 못하면 쉽게 연소되고 만다. 이성이라는 인간의 본성을 공유하는 것도 본래의 자신과 더욱 강하게 연결되는 일이다. 그래서 그 본성이 다른 모든 것을 능가할수록 자신의 본성과 같은 것과 더욱 강하게 결합하고자 한다. 이성이 없는 존재들의 경우, 태어난 지 오래 지나지 않아도 즉시 자신의 무리나 어미에 상호적인 애착을 형성한다. 비록 이성은 부재하지만 이들도 일종의 영혼을 가졌기 때문에, 돌과 나무와 식물보다 우수한 본성을 지닌 존재들로서 상호 결합에 대한 본능적 욕구가 강하다. 하지만 이성적 존재들은 공동체와 가족을 만들고 공적인 모임과 우정을 형성한다. 심지어 전쟁 가운데서도 협정과 휴전을 이루어 낸다. 보라, 더 우수한 본성을 지닌 존재들, 이를테면 별들과 행성들도 매우 멀리 떨어져 있지만 상호 연결성과 통일성을 보인다. 탁월함이 높은 수준에 도달할수록 통일성을 추구하는 성향이 강해지며, 멀리 떨어진 존재라 할지라도 상호적인 공감을 만들어 낸다. 그런데 지금 세상에서 벌어지고 있는 일들을 보라. 이성적인 존재인 인간은 서로를 향한 본능적인 애정과 동질감을 잊은 유일한 존재가 되었다. 동류의 다른 존재들은 대체로 서로 화합하고자 하지만, 우리 이성적 존재들은 그렇지 못하다. 하지만 인간이 자신의 본성을 벗어나고자 아우성쳐도 결국 그러한 행보는 멈춰지고 말 것이다. 제아무리 길이 아닌 길을 가고자 해도 본성은 결국 우월성을 드러내 보인다. 이를 깨닫는다면 누구도 인정할 수밖에 없을 것이다. 세상에서 세속적이지 않은 것을 발견하는 일이, 본래적으로 홀로 살아야 하는 사람을 찾는 일보다 쉽다는 사실을.

8.

신과 인간과 세상은 각기 다른 열매를 맺는다. 또한 각각의 열매는 적절한 시기에 결실을 맺는다. '열매를 맺는다'는 표현은 관습적으로 포도나무 같은 식물에 주로 사용되지만, 다른 경우에도 널리 사용되는 비유다. 이성은 타인과 공동으로 사용하는 열매를 맺기도 하지만, 자신만이 누리는 고유한 열매를 맺기도 한다. 이성은 확산되는 특성이 있어서, 자신 안에 있는 것을 다른 이들에게도 생생히 전해 준다.

9.

만일 네게 능력이 있다면 사람들을 옳은 방향으로 인

도하면 되고, 그렇지 않다면 네게 주어진 선함과 온유함을 통해 그들을 인내하면 된다. 신들조차도 그들을 선하고 건강하도록, 혹은 재물과 명예를 통해 필요한 일을 하도록 도울 뿐이라는 사실을 기억하라. 신들은 그토록 선하고 은혜롭다. 너도 그렇게 할 수 있지 않을까? 그렇지 않다면 말해 보라. 무엇이 그 일을 방해하는가?

10.

고난을 겪을 운명인 사람처럼 일하지 말고, 동정받거나 존경받으려는 사람처럼 행동하지 마라. 다만 언제나 포용의 원칙과 상호작용의 원칙이 요구하는 대로 나아가거나 물러서는 것만을 네 유일한 관심과 태도로 삼아라.

11.

나는 오늘 모든 괴로움에서 벗어났다. 정확히 말하면 나 스스로 던져 버린 것이다. 네가 겪는 괴로움이 무엇이든, 그것은 외부에 있는 것이 아니라 너의 내부에, 생각 속에 있을 뿐이다. 그것을 던져 버리기 전에는 진정으로, 그리고 오랫동안 평온해질 수 없다.

12.

우리가 경험하는 모든 대상은 평범하고 누추한 것이다. 그것의 지속 시간은 하루에 불과하며, 그것의 본질 또한 매우 천하고 더러울 뿐이다. 우리가 장사 지낸 이들의 시대가 그러했던 것처럼, 지금 시대도 마찬가지이며 아무것도 달라지지 않았다.

13.

우리에게 영향을 미치는 것들은 문밖에 서 있을 뿐이다. 그것 스스로는 아무것도 알지 못하고, 누군가에게 아무것도 말하지 못한다. 그렇다면 그것에 대해 판단하는 것은 무엇인가? 그것은 우리의 생각이다.

14.

덕과 악덕은 감정이 아닌 행동으로 나타난다. 이성적이고 자애로운 사람의 선과 악도 감정이 아닌 행동과 실천으로 나타난다.

15.

하늘로 던진 돌이 올라갈 때 특별한 이익이 없는 것처럼, 떨어질 때도 별다른 해가 없다.

16.

사람들의 마음과 생각을 헤아려 보라. 네가 두려워하거나 너를 판단할까 염려되는 사람은 누구인지, 그들이 자기 자신에 대해 어떻게 생각할지 생각해 보라.

17.

세상 모든 것은 끊임없는 변화 가운데 놓여 있다. 너 역시 끊임없이 변화하고 있으며, 어떤 면에서는 부패하고 있다. 세상도 마찬가지다.

18.

그것은 네 잘못이 아니라 다른 사람의 잘못이다. 그것이 왜 너를 괴롭게 하는가? 잘못을 저지른 사람이 책임지면 될 뿐이다.

19.

어떤 작용과 목적에는 끝이 있다고 한다. 어떤 행위와 목적도 끝을 맺는다고 한다. 심지어 어떤 의견을 그치는 것은 죽음에 이르는 것과도 같다고 한다. 하지만 이 모든 것에 해로움은 깃들어 있지 않다. 이제 이것을 사람의 나이에 적용해 보자. 사람은 아이였다가 청소년이 되고, 청년이 되었다가 노인이 된다. 한 연령대에서 다른 연령대로 변해 가는 것은 일종의 죽음에 이르는 과정이다. 하지만 이 모든 과정을 슬퍼할 필요는 없다. 이제 네가 살아온 삶을 처음부터 되돌아보라. 먼저 할아버지 곁에서, 다음은 어머니 곁에서, 그리고 아버지 곁에서 지내 온 삶을 말이다. 살아온 시간 속에서 겪은 수많은 변화와 끝맺음 그리고 그침을 발견하고 그에 대해 생각해 볼 때, 스스로에게 질문하라. 이들 중 어떤 것에서 슬픔이나 애통함의 이유를 발견했는가? 혹은 그로 인해 어떤 고통을 겪었는가? 아무것도 찾지 못하겠다면, 네 삶 전체의 완성이나 끝맺음도 단지 하나의 과정이자 변화일 뿐이다. 그것에서 슬픔을 느낄 이유는 없다.

20.

필요하다면 너는 자신의 이성에서, 우주의 이성에서, 그리고 네가 관계 맺는 사람의 이성에서 즉시 위안을 찾을 수 있다. 너 자신의 이성에서는 정의에 어긋나는 생각을 하지 않도록 하라. 우주의 이성에서는 네가 그 일부임을 기억하라. 다른 사람의 이성에서는 그가 무지의 상태에 있는지, 아니면 앎의 상태에 이르렀는지 생각하라. 그리고 그가 너의 혈연이라는 사실도 반드시 기억하라.

21.

우리는 모두 공통된 사회의 일원으로서 삶의 완성과 온전함을 위해 만들어졌다. 너 자신도 마찬가지다. 그러므로 너의 모든 행동은 궁극적으로 사회적인 삶의 지향과 완성을 추구해야 한다. 너의 행동이 직접적이든 간접적이든 공동선을 지향하지 않는다면, 그것은 무지하고 헛된 행동이며, 더 나아가 반항적인 행위다. 그것은 마치 조화와 협동으로 나아가는 공동체 속에서 분열을 꾀하는 사람의 모습과도 같다.

22.

어린아이의 분노는 단지 공허한 말들의 나열일 뿐이며, 가엾은 영혼의 일상은 죽은 몸을 지탱하며 추락을 늦출 따름이다. 그것은 마치 사람들이 부르는 비가悲歌의 노랫말과도 같다.

23.

현상이 발생하는 원인과 본질을 살펴라. 그 원인을 물질적인 것에서 분리하여 그 자체로서의 단순한 모습으로 생각해 보라. 그래서 그러한 현상을 발생시킨 원인이 지속되고 유지되는 시간의 최대치를 추정해 보라.

24.

지금껏 너는 무수히 많은 고난과 불행을 겪었다. 그 이유는 이것이니, 네가 주어진 행복이 충분하지 않았다고 느꼈거나, 너의 이성이 본래의 성질에 따라 작용하는 것을 충분한 행복으로 누리지 않았기 때문이다.

25.

누군가 너를 거짓으로 비난하고 훼방하고 혐오하고 악의로 상대한다면, 그 사람의 마음과 생각 속으로 들어가 그가 어떤 사람인지 가늠해 보라. 그러면 그에게 너를 괴롭힐 이유가 없다는 사실을 알게 될 것이다. 그러므로 너는 그 사람을 사랑해야만 한다. 그 또한 본래적으로 너의 친구이기 때문이다. 신들조차도 그가 중요하게 여기는 것을 위해 그에게 꿈과 신탁으로 도움을 주며 흡족해한다.

26.

세상의 모든 보통의 존재들은 세월이 흐르고 세대가 지나도 흥망을 반복할 뿐 여전히 그 자리에 있다. 그리고 우주의 지성은 모든 개별적인 역사 앞에 스스로 숙고하고 신중히 검토한다. 그렇다면 너는 그러한 숙고와 판단을 역행해서는 안 된다. 처음부터 모든 것이 동시에 결정됐으며,

모든 일은 필연적으로 벌어진다. 또한 모든 것은 분리될 수 없는 방식으로 서로 밀접하게 연관되어 있다. 요컨대, 신이 존재한다면 모든 일이 선을 이룰 것이다. 설사 어떤 일이 우연과 행운으로 점철되는 듯 보여도, 너는 너와 관련된 일에 있어서 너 자신의 섭리를 따르면 될 뿐, 그 일 또한 모든 것이 더해져서 선을 이룰 것이다.

27.

오래 지나지 않아 대지는 우리 모두를 덮을 것이고, 그 자신도 변할 것이다. 그리고 그 흐름은 한 시기의 영원에서 또 다른 시기의 영원으로 이어지며, 억겁의 순환을 이어갈 것이다. 쉼 없는 변화와 운동, 그리고 흐름의 속성을 자신의 마음으로 되새기는 사람이 세속적인 모든 것을 경멸하고 무가치하게 여기지 않을 수 있을까? 우주의 원리는 거센 급류와도 같아서 모든 것을 일거에 휩쓸어 버린다.

28.

스스로를 세상에서 가장 진실하고 쓸모 있는 철학자라 여기는 정치인들, 혹은 자칭 덕성과 정직을 사랑한다고 공언하는 이들이 얼마나 볼품없는 인물들인지, 그들의 본성 또한 얼마나 천박하고 하찮은 존재인지. 그대여! 왜 그렇게 소란을 피우는가? 지금 너의 본성이 원하는 것을 행하라. 그것을 결행하면 될 뿐, 누군가 이를 알든 모르든 신경 쓸 필요 없다. 너는 이렇게 생각하는 것이 옳다. 플라톤의 이상 국가를 기대해서는 안 된다고. 누군가 아주 조금이라도 옳은 길로 나아간다면 그것으로 족하며, 그 작은 진전을 기쁘게 생각해야 한다. 하지만 그가 진정으로 나아졌다고 생각하려면, 먼저 그가 과거의 잘못된 생각을 버렸는지 살펴야 하지 않겠는가. 만약 그렇지 않다면 겉으로 아무리 그럴듯하게 꾸민다고 해도, 그것은 단지 어두운 내면의 풍경을 감춘 것뿐이며, 속으로는 신음하면서도 겉으로는 이성과 진리에 복종하는 척하는 일이다. 이제 가서 알렉산더와 필리포스와 데메트리오스를 이야기해 보라. 그들이 자연의 보편 원칙을 이해하고 스스로를 통제할 수 있었는지 아닌지는 그들 자신이 가장 잘 알 것이다. 하지만 그들이 단순히 허세를 부리며 인생을 허비했다면, 나는 신의 이름으로 그들을 따라야 할 이유가 없다. 진실한 철학은 우리를 꾸밈없는 소박함과 겸손함으로 이끈다. 나를 과시와 허영으로 설득하려 하지 마라.

29.

높은 곳에서 내려다보는 풍경을 상상해 보라. 이곳에는

무수히 많은 가축 떼가 있고, 저기에는 희생 제물이 보인다. 바다에서는 많은 이들이 항해하고 있다. 어떤 이는 거친 폭풍우 속에서, 어떤 이는 잔잔한 바다 가운데서 항해한다. 세상은 제각기 무척이나 다르고, 또한 달라져 가고 있다. 이제 막 존재하게 된 것들이 있고, 함께 존재하며 서로 얽혀 있는 것들이 있고, 거의 끝나 가는 것들도 있다. 오래전 살았던 이들의 삶과, 앞으로 살게 될 이들의 삶, 그리고 지금 이곳에 존재하는 수많은 야생의 삶 또한 너의 마음속에 담아 두어야 한다. 네 이름조차 들어 본 적 없는 이들이 얼마나 많으며, 네 이름을 금세 잊을 사람들은 또 얼마나 많을까? 조금 전까지 너를 칭찬하던 사람이 잠시 후에는 너를 비난할지도 모른다. 그러므로 명예도 영광도, 이 세상이 제공하는 그 무엇도 정말로 가치 있는 것이 아니다. 그렇다면 결론은 이러하다. 신이 주관하는 일들에 대해서는 기꺼이 받아들이고, 네가 주관하는 일들에 대해서는 공명정대하게 실행하라. 이것은 생각할 때나 행동할 때 오직 모두에게 선을 행하는 것을 목표로 한다면 가능할 것이다. 이것은 인간으로서 네가 따라야 할 본성이자 의무이다.

너를 힘들게 하고 답답하게 하는 많은 것들은 대체로 너의 생각과 주장에 의존하고 있다. 그리고 그것은 너의 의지로 제거할 수 있다. 그럴 수 있다면 너는 충분한 여유를 누리게 될 것이다.

너의 마음에 담긴 세상 전체를 이해하고, 현시대의 모든 흐름을 생각하라. 각각의 사물이 일순간 변하는 현상에 대해서도 숙고하라. 생성된 후 소멸되는 모든 존재의 생애는 얼마나 짧은가! 심지어 생성되기 전과 생성된 후 존재하는 시간은 얼마나 광대하고 무한한가! 네가 바라본 모든 것은 이내 사라질 것이며, 그 소멸을 목격한 이들도 금세 사라질 것이다. 100세까지 사는 사람과 젊은 나이에 죽는 사람은 결국 같은 곳으로 돌아가게 될 것이다.

32

그들의 생각과 마음은 어떤 모습이며, 그들이 관심을 보이는 것은 무엇인가? 그들은 무엇을 사랑하고 무엇을 미워하는가? 그들의 영혼을 마치 눈앞의 물건을 보듯 상상해 보라. 그들이 남을 비난하여 깊은 상처를 준다면, 혹은 그들이 남을 칭찬하고 격려하면서 큰 선행을 한다면, 그들의 마음은 어떤 생각과 주장으로 차 있는 것일까!

33.

소멸과 부패란 사실상 변화와 변형일 뿐이다. 그것은 우주의 본성이 가장 기뻐하는 것이며, 그것을 통해서 이루어지고 그것에 따라서 이루어지는 모든 것은 바람직한 현상이다. 그것이야말로 세상의 본래 모습이며, 앞으로도 그러할 것이다. 그것이 아니라면 너는 세상이 태초부터 지금까지 기나긴 세월 동안 잘못된 방향으로 흘러 왔고 앞으로도 그럴 것이라고 말하고 싶은가? 그렇다면 그동안 수많은 신들 가운데 세상의 모습을 바로잡을 신성한 힘을 가진 자는 아무도 없었단 말인가? 아니면 세상이 끝없는 고통과 환란 속에서 헤매고 있다고 말하려 하는가?

34.

모든 평범한 것들은 얼마나 덧없고 연약한 것인지! 물과 먼지, 그리고 그것이 섞여 만들어진 뼈와 우리 몸의 온갖 혐오스러운 것들은 얼마나 쉽게 오염되고 부패하는지. 그리고 사람들이 그토록 소중히 여기고 칭송하는 것들, 이를테면 대리석은 대체 무엇이란 말인가? 단지 땅속에서 캐

낸 돌덩이에 불과하다. 금과 은은 또한 무엇인가? 대지가 배설한 찌꺼기일 뿐이다. 네가 입은 가장 화려한 옷조차 재료를 살피면 그저 양털이고 조개의 염료일 뿐이다. 다른 모든 것들도 이와 같은 본질을 지녔다. 너의 생명 또한 마찬가지다. 단지 피가 증발하는 현상일 뿐이며, 다른 흔한 물체로 쉽게 부스러지는 물체일 뿐이다.

35.

이 끝없는 불평과 불만, 그리고 투덜거림과 허례허식은 언제 끝날 것인가? 대체 무엇이 너를 그토록 괴롭게 하는가? 너에게 어떤 새로운 일이라도 벌어졌는가? 무엇에 그토록 놀라고 있는가? 원인인가, 아니면 본질인가? 그들 중 어느 하나라도 정말 그렇게 중요한가? 그토록 중요한 것은 세상에 존재하지 않는다. 그리고 너는 신들에 대한 의무를 더 선하고 단순한 태도로 이행할 때가 됐다.

36.

그 모든 광경을 백 년 동안 보든 삼 년 동안 보든, 다를 것은 하나도 없다.

누군가 죄를 지었다면 그것은 그의 해악이지 나의 해악이 아니다. 어쩌면 그가 죄를 짓지 않았을 수도 있다.

38.

모든 일이 보편 원리의 일부이고 모든 것이 이성의 섭리가 나타난 것이라면, 전체의 이익을 위해 일어난 일에 대해 일부가 불평하는 것은 이성의 원리에 어울리지 않는다. 또한 에피쿠로스의 말처럼 모든 것이 원자의 작용이라면, 그리고 삶은 단지 우연히 일어난 혼란일 뿐이고 죽음도 단순한 흩어짐에 불과하며 다른 모든 현상도 마찬가지라면, 너는 무엇 때문에 자신을 괴롭게 하는가?

39.

너는 이성에게 이렇게 말하는가? 너도 죽는다. 너도 부패한 존재일 뿐이다. 그렇다면 이성이 배설물을 내보내는가? 이성이 소나 양처럼 풀이라도 뜯는가? 이성이 정말 육신처럼 죽는 존재인가?

40.

신들이 인간을 전혀 도울 수 없다면 왜 기도를 하는가?

만일 신들이 어지럽고 혼란스러운 너의 마음을 진정시키고 위로할 수 있다면, 왜 세속적인 것들을 두려워하지 않고 탐욕에 빠지지 않게 해 달라고 기도하지 않는가? 어떤 것이 없거나 있을 때, 그것을 갖게 해 달라거나 없애 달라고 기도하기보다는, 슬퍼하지 않고 자족하게 해 달라고 기도하는 것은 어떤가? 신들이 우리를 돕는다면 이런 방식일 것이다. 어쩌면 너는 이렇게 말할지도 모른다. '신들은 내게 모든 일을 할 자유를 주셨고, 나에게는 모든 일을 할 수 있는 힘이 있다.' 하지만 너는 네 자유를 마음의 진정한 자유를 추구하는 데 쓰는 것이 더 낫지 않겠는가? 천박한 노예의 마음으로 네 힘으로 이룰 수 없는 것들을 욕망하고 남용하는 것보다 말이다. 신들에 관해 논한다면, 신들이 우리 스스로 하도록 맡겨진 일에 개입할 수 없다고 말한 자는 누구인가? 그것이 사실인지 아닌지는 스스로 시험해 보고 기도해 보면 곧 알게 될 것이다. 어떤 이는 특정 사람과 동침하고 싶은 욕망을 이루기 위해 기도한다. 그녀와 동침하고 싶은 욕망을 억제할 수 있도록 기도하라. 다른 이는 특정 사람을 없애 버리기 위해 기도한다. 그를 참고 인내할 수 있도록, 그를 없애고 싶어 하지 않게 해 달라고 기도하라. 또 다른 이는 자신의 아이를 잃어버리지 않게 해 달라고 기도한다. 아이를 잃는 것을 두려워하지 않게 해 달라고 기도하라. 너의 기도는 이와 같은 목적을 위해 드리는 것이 되어야 한다. 그리고 결과를 지켜보면 그뿐이다.

41.

에피쿠로스는 이렇게 말했다. "나는 병에 걸렸을 때 내 증상에 대해 이야기하지 않았다. 문병객들과의 대화에서도 내 증상을 소재로 올리지 않았다. 대신 특별히 중요하고 의미 있는 것들을 고민하고 성찰하는 데 모든 시간을 보냈다. 그 고민 가운데 하나는 이것이었으니, 나는 몸의 고통으로 인해 마음이 얼마간 고통스러울 수 있겠지만, 그럼에도 마음이 고통에서 벗어나 스스로 온전한 행복을 누릴 방법을 모색하고자 했다. 또한 내 몸의 치유를 전적으로 의사들에게 맡겨 그들이 원하는 대로 하도록 두지 않았다. 그래서 그들에게서 어떤 대단한 것을 기대하거나, 혹은 그들의 도움으로 건강을 회복하는 일이 매우 중요한 일이라고 생각하지 않고자 했다. 내 신체 상태는 나에게 매우 만족스러웠고 스스로에게 충분한 기쁨을 주었다." 그러므로 만일 네가 병에 걸리게 된다면, 어떤 극한의 상황에 놓이더라도 에피쿠로스와 같은 마음을 가지도록 노력해라. 너에게 벌어진 어떤 일을 핑계 삼아 철학을 떠나지 말

고, 어리석은 사람들의 주장에도, 자연주의 탐구에만 식견
이 있는 자들의 말에도 지나치게 귀 기울이지 마라.

42.

모든 직업과 전문 분야에 나타나는 공통점은, 현재 자
신이 하는 일과 그것을 실행하는 수단에 집중하고 전념한
다는 점이다.

43.

누군가의 경솔함이 몹시 불쾌하다면, 자신에게 즉시 이
렇게 물어보라. '세상에 경솔한 사람이 전혀 없다고 기대하
는 것이 옳을까? 전혀 그렇지 않다.' 그러므로 너는 불가능
한 것을 바라지 마라. 그리고 그 경솔한 사람을 세상에 존
재할 수밖에 없는 몇몇 경솔한 사람 중 하나라고 생각해
라. 교활하고 간사한 사람, 배신하는 사람, 뻔뻔한 사람 등
모든 부정적인 사람에 대해서도 언제나 이렇게 설명할 준
비를 해 두어야 한다. 세상에는 그런 종류의 사람이 반드
시 존재한다고 일반 원칙처럼 스스로 규정해 둔다면 어느
누구라도 온화하게 대할 수 있을 것이다. 또한 이런 상황
이 벌어질 때마다, 자연이 인간에게 악덕에 대항하고 악인
에 맞설 고유한 능력을 부여했다는 사실을 생각한다면 매

우 큰 위로가 될 것이다. 예를 들어 감사를 모르는 이에게는 선함과 온유함을 해독제로 주었으며, 다른 여러 악덕을 가진 이에게는 또 다른 특별한 덕목을 해독제로 주었다. 일반적으로 말해도 잘못된 자를 더 나은 방향으로 인도하는 힘은 네 안에 있지 않은가? 죄를 짓는 이는 누구든 자신의 의도와 목적에서 벗어나 오류에 빠진 것이다. 그러므로 다시 묻노니, 그 사람의 죄로 인해 너의 무엇이 더 나빠졌는가? 네가 분노하는 자들 중 누구도 네 마음에 있었을지도 모를 상처와 악의 징표를 이전보다 더 나쁘게 만들지 않았다. 배움이 부족한 자가 배움이 부족한 행위를 한다면 그것이 무슨 슬픔이나 놀라움이 되겠는가? 오히려 그 사람이 그런 일을 벌일 가능성을 이성적으로 판단해야 했지만 그러지 못했을 뿐더러, 그가 벌인 일에 놀라고 있는 너 자신을 탓해야 하지 않을까? 특히 감사하지 않는 사람이나 정직하지 못한 사람을 탓하는 마음이 생긴다면, 너는 스스로를 돌아보아야 한다. 분명한 사실은 이것이니, 네가 만일 그러한 성향을 가진 사람에게 진실을 기대했다면, 혹은 누군가에게 선행을 베풀었을 때 그 자체로 목적을 달성한 것으로 여기지 않았거나 그 행위 자체로 선행에 대한 충분한 보상을 받았다고 생각하지 않았다면, 너 자신에게 큰 잘못이 있는 것이다. 너는 그밖에 무엇을 바라고 있는가? 너는 한 사람의 인간에게 선행을 베풀었다. 그것으로 충분하지 않은가? 너는 네 본성이 요구하는 일을 했을 뿐, 그에 대한 보상을 받아야만 하는가? 눈이 앞을 보는 것에 대해, 발이 걸음을 걷는 것에 대해 보상을 받아야 하는가? 신체 기관이 원래 그러한 용도로 정해져 있고, 자신의 자연적 구조에 따라 작동하는 것 이상을 요구하지 않는 것처럼, 다른 사람에게 선을 행하기 위해 태어난 인간이 누군가를 올바른 길로 인도한다면, 혹은 재물이나 생명, 직위 등을 매개로 타인을 돕는다면, 그는 자신에게 주어진 임무를 수행하는 것일 뿐, 그 이상의 어떤 것을 요구해서는 안 된다.

제10권

"세상은 일어날 모든 일에 대한
애정을 품고 있다.
세상이여,
너의 사랑에 나의 애정도 품어 주길.
그래서 내가 바라는 것이
네가 바라는 것이 되길."

1.

오, 너의 영혼이여. 네가 선한 사람이 되고, 순수한 사람이 되고, 너를 에워싼 육신보다 투명하게 빛나는 영혼을 보이는 날이 올 것을 믿노라. 언젠가 너는 세상 모든 것에 대한 애착을 버리고 오로지 사랑을 목적으로 삼는 삶의 행복을 느끼게 되리라. 다른 무엇도 필요로 하지 않는 내적인 충만함으로 가득한 사람이 되리라. 살아 있는 것이든 죽어 있는 것이든, 세상이 주는 어떤 것에서도 기쁨을 찾지 않고, 기쁨이 지속되는 시간과 장소, 기회, 날씨, 타인의 호의 등 어떤 것도 필요로 하지 않는 날을 살게 되리라. 네가 현재의 상황에 만족한다면 지금의 모든 것이 너의 만족을 더할 것이다. 그리고 너 스스로 이 모든 것을 체현하고 있다고 확신할 때, 비로소 모든 것이 너에게 이롭고 모든 것이 신의 섭리라는 사실을 알게 될 것이다. 아울러 미래의 일들에 대해서도 모든 것이 잘되리라고 확신하게 될 것이다. 세상 모든 것이 삶이자 선함이자 완전한 아름다움이신 분의 온전한 평온과 행복을 유지하는 방향으로 나아갈 것이라고 믿게 될 것이다. 그분은 모든 것을 창조하시고, 모든 것을 담고 있으며, 흩어진 모든 것을 각처에서 모아 그들을 통해 그와 닮은 다른 존재를 새롭게 창조하신다. 언젠가는 너의 마음가짐도, 신들에 대해서든 사람에 대해서든, 누구와의 대화에서도 적절히 화합하고 조율하며 사람이 하는 일에 결코 불평하지 않게 될 것이다. 나아가 스스로 비난받을 일도 결코 행하지 않게 될 것이다.

2.

자연에 동화된 한 사람으로서, 네 보편적인 본성이 요구하는 것이 무엇인지 살피는 것을 가장 중요하게 생각하라. 어떤 일을 실행했을 때 살아 있는 감각 존재로서 네 본성이 해를 입지 않는다면 계속해도 좋다. 다음으로 중요한 것은, 너의 살아 있는 감각 존재가 원하는 것이 무엇인지 살피는 일이다. 그리고 그것이 무엇이든 살아 있는 이성 존재로서 네 본성이 해를 입지 않는다면 수용하고 실행해도 좋다. 이성적인 것은 무엇이든 사회적이기도 하기 때문이다. 이러한 규칙을 준수해야 하고, 불필요한 일로 스스로를 얽매지 말아야 한다.

3.

너에게 일어나는 모든 일은 너의 자연적인 본성에 따라 벌어지는 감당할 수 있는, 혹은 감당할 수 없는 일이다. 만일 감당할 수 있다면 분노하지 말고 너의 자연적인 본성이나 본능이 이끄는 대로 이행하라. 만일 감당할 수 없다면 역시 분노하지 말고 그대로 두라. 그것이 무엇이든 곧 너에게서 물러날 것이며, 그 스스로 사라질 것이다. 그러나 기억하라. 어떤 일이든 진정한 의미에서의 의무와 혜택을 이해한다면, 그것을 능히 감당할 수 있다. 그리고 그것은 너의 자연적인 본성이 허락한 것이다.

4.

잘못을 저지른 자가 있다면 사랑과 온유함으로 가르치고 그의 잘못을 일깨워 주라. 그렇게 할 수 없다면 자신을 탓하라. 그런데 너의 의지와 노력에 부족함이 없었다면 자신을 탓할 이유는 없다.

5.

너에게 일어난 모든 일은 처음부터 너에게 일어날 일이었다. 영원 전부터 정해져 있던 섭리 가운데 너에게 일어날 모든 일도 예정되어 있었기 때문이다.

6.

우리는 에피쿠로스처럼 만물이 원자로 이루어져 있다고 철저히 믿든지, 만물이 자연의 섭리로 운행된다는 것을 인정해야 한다. 그러므로 네가 믿음의 우선적인 토대로 삼을 것은, 너 자신이 자연에 의해 지배되는 우주의 일부라는 사실이다. 다음으로는 너와 같은 본성을 공유한 이들은 너의 친족 관계와도 같다는 사실을 기억하라. 이를 잊지 않는다면 네가 전체의 일부로서 세계 공통의 우연 가운데 특별히 맡게 된 일들에 대해서도 결코 불만을 품지 않을 것이다. 전체에 유익한 것은 그것의 일부에게 진정으로 해로울 수 없다. 이는 본성이 허락한 특권으로, 그 본성은 스스로에게 해로운 것을 포함하지 않는다. 우주의 본성은 다른 개별적인 본성들보다 우월하여 외부의 다른 원인에 의해 강요받지 않는다. 그러므로 스스로를 해치거나 손상할 무언가를 만들어 품지도 않는다. 내가 우주의 일부임을 잊지 않는다면 나에게 벌어지는 어떤 일에도 분노하지 않을 수 있다. 또한 나와 본성을 공유한 모든 이들이 친족 관계에 있음을 인식한다면 공동체에 해가 되는 어떤 일도 행하지 않도록 주의할 것이다. 나의 모든 생각에는 나와 같은 존재들이 공감할 것이며, 나의 모든 행위와 선택에는 공동선이 토대로 자리해 있을 것이다. 그리고 이에 반하는 것은 어떤 수단을 동원해서라도 피하고자 할 것이다. 이러한 생각이 확고해지고 삶으로 정착된다면 그 도시는 이웃과 공동체의 선과 이익이 우선시되는 공동체가 될 것이다. 또한 공동체가 구성원 각자에게 보이는 태도가 바람직한 모습이라면, 그 구성원들은 행복한 시민일 것이며, 너 또한 그 속에서 행복한 삶을 누리게 될 것이다.

7.

전체 세계의 일부는 필연적으로 부패에 이른다. 정확히 말하면 변화를 겪는 것이지만, 쉽게 이해되는 표현을 사용한다면 그렇다. 이렇게 생각해 보자. 만일 세상의 변화가 필연적으로 해악을 끼치는 것이라면, 그래서 존재하는 모든 것이 변화에 떠밀려 가고 모든 것이 전혀 다른 모습으로 부패한다면, 세계 전체가 온전한 상태로 존속될 수 있을까? 자연이 이 모든 것을 스스로 계획하고 실행하여 의도적으로 스스로에게 고통과 슬픔을 부여하고 있는 것일까? 우연이 아닌 필연으로 스스로 악에 빠져들도록 만들었을까? 심지어 자연이 자신을 만들 때 자신이 무엇을 하는지 몰랐던 것일까? 이러한 주장은 모두 어불성설일 뿐이다. 그런데 자연 전체가 아닌, 개별 사물들의 본성에 대해 생각해 보자. 모든 것이 본래적으로 자연의 섭리라고 말하면서도, 누군가 병들어 죽는 일에 대해서는 마치 이상한 일이 벌어진 것처럼 놀라고 탄식하는 것은 얼마나 어리석고 우스운 일인가? 그런 일이 벌어졌을 때 너무 슬퍼하지 않아도 되는 이유는, 모든 것이 부패할 때 그 사람도 원래의 구성 요소들로 되돌아가기 때문이다. 부패란 그저 단순한 요소들이 원래의 요소들로 흩어지는 것이며, 단단한 것은 흙으로 변하고, 연약하고 미세하고 영적인 것은 공기로 되돌아가는 것이다. 그래서 모든 것은 아무것도 잃지 않고 우주의 이성적이고 생명력 넘치는 씨앗으로 되돌아간다. 그리고 우주는 일정한 시간이 지난 후 불에 의해 소멸되거나 끊임없는 변화가 더해지며 영원성을 유지한다. 그런데 앞에서 말한 단단한 것과 영적인 것은 네가 태어날 때 있었던 처음의 그것과 동일한 것으로 여겨서는 안 된다. 지금 존재하는 너는 물질적으로나 생명적으로나 네가 이틀이나 사흘 전에 먹은 음식과 들이마신 공기로부터 만들어졌다. 마치 끊임없이 새로운 물이 흘러들어 유지되는 강처럼, 지금의 네 존재도 본질적으로 이와 다르지 않다. 그러 므로 너의 변화하고 부패하는 부분은 어머니에게서 물려받은 것이 아니라 이후에 받아들인 것이다. 단단하고 일반적인 물질이 너의 신체를 에워싸고 있다고 하더라도 사람을 구분하는 고유한 성품과 감정은 그것을 넘어선다.

8.

네가 선하고 겸손하고 진실하고 이성적이고 조화롭고 고귀하다는 말을 듣는 사람이 되었다면, 그에 반하는 행동을 하여 그 자격을 잃거나 그러한 이름이 부적절하게 불리지 않도록 주의하라. 만일 그렇게 되었다고 해도 속히 자신의 이름으로 되돌아가라. '합리적$_{\check{\varepsilon}\mu\varphi\rho\omega\nu}$'이라는 단어는 네가 어떤 대상과 마주하더라도 마음의 흐트러짐 없이 지적인 사고를 유지한다는 뜻이라는 것을 기억하라. '공감하다$_{\sigma\acute{\iota}\mu\varphi\rho\omega\nu}$'는 단어는 공통된 자연의 섭리에 따라 네게 일어나는 모든 일을 기꺼이 받아들이는 태도를 가리킨다. '고상하다$_{\check{\upsilon}\pi\acute{\varepsilon}\rho\varphi\rho\omega\nu}$'는 단어는 마음의 수준 높고 초월적인 상태를 뜻한다. 이것은 육체의 쾌락과 고통은 물론 명예와 평판과 죽음 등 본질적으로 무의미한 모든 것을 앞에 두고도 결코 흔들리지 않는 현명한 사람의 삶의 자세다. 자신의 신념을 실천할 뿐 다른 이들에게 헛된 이름으로 불리고자 욕심내지 않는다면, 누구든 새로운 사람이 될 것이고 새로운 삶을 시작하게 될 것이다. 여태껏 살아온 삶만을 고수하며, 구태 가득한 혼란과 불균형을 개선하지 않는 것은 자신의 말초적 삶에 매몰되는 매우 어리석은 모습이다. 그런 사람은 원형 경기장에서 야수들과 싸우다가 깊은 상처를 입은 사람에 비할 수 있다. 온몸에 상처와 혈흔이 가득한데도 그러한 몸 상태로 다시 야수의 발톱과 이빨에 노출되기를 기다리며, 그러면서도 다음 날까지 살아남기를 간절히 바라는 사람 말이다. 너 자신을 놓아주어라. 자신을 배에 태워 내보내라. 그리고 이전 삶의 고통과 혼란에서 벗어나 새 이름을 얻어 보라. 만일 그 새로운 이름 속에서도 자아를 실현하고 자신을 다스릴 수 있다면, 기쁘고 즐겁게 그곳에 머물러라. 그곳은 헤시오도스와 플라톤이 말한 복받은 자들의 섬(그리스 신화에서 소수의 복받은 자들이 살게 되는 곳)이나 혹자들이 일컫는 엘리시온 들판(덕스러운 자와 영웅들의 영혼이 최종적으로 머무는 곳)과도 같을 것이다. 하지만 스스로 살펴 후퇴할 위험에 처했거나 마주한 어려움과 유혹을 이겨 낼 수 없다고 생각된다면 그곳보다 어울리는 곳으로 떠나라. 만일 그것으로도 충분하지 않다면 차라리 생을 거부하는 것도 한 가지 선택일 수 있다. 그러나 감정에 휩싸인 상태에서가 아니고 순수하고 자발적이고 겸허한 마음으로 그렇게 해야 한다. 네 삶 전체에서 칭찬받을 유일한 선택이 그렇게 떠나는 일이거나, 네 삶의 주된 목표와 과업이 그렇게 떠나는 일이어야 하기 때문이다. 자신의 이름을 더 잘 기억하기 위해 우리는 신들을 생각해야 한다. 신들이 우리에게 요구하는 것은, 이성적인 존재로 태어난 인간이 신들을 기쁘게 할 아름다운 말을 하거나 외적인 경건함을 보이는 일이 아니다. 오직 신들처럼 되는 것이다. 무화과나무와 개와 벌과 다른 수많은 생명체들이 자신의 본성에 따라 각각의 고유한 일을 하듯, 인간도 주어진 본성에 따라 인간에게 속한 일을 해야 한다.

9.

너의 일상에 드리운 속박은 이것이다. 집에서는 어리석은 장난에 매몰돼 있고, 밖에서는 공포와 무기력과 권태로운 게으름으로 일관하는 모습. 네가 주의를 기울이지 않으면 신성한 가르침들은 네 마음에서 지워지고 말 것이다. 네가 자연주의자를 자처하면서도 본능에 따라 행할 뿐, 삶의 가치를 보여 주는 어떠한 실천도 하지 않는다면 그것이 무슨 의미가 있겠는가? 그러므로 너는 모든 일을 행하는 데 있어서 생각과 실천을 병행해야 한다. 눈앞의 일을 주의 깊고 신중하게 실천하되, 그것에 대한 고민을 멈추지 말아야 한다. 그렇게 함으로써 인간의 참된 본성이 일깨우는 이해와 깨달음이라는 기쁨을 얻을 수 있다. 때로는 여러 제약과 방해로 행동을 통해서는 기쁨과 행복을 얻을 수 없다. 이때는 모든 것은 본성에 따라 발현된다는 사색적인 지식만으로도 충분한 즐거움과 행복을 얻을 수 있다. 진리는 겉으로 드러나지 않지만 그렇다고 내부에 숨겨져 있지도 않다. 너는 언제쯤 진정한 소박함과 꾸밈없는 온전한 행복에 이를 수 있을까? 언제쯤 모든 사물을 본래의 본성으로 바라보고 이해하고 기뻐할 수 있을까? 예를 들어 그것의 현상과 본질이 무엇인지, 현실에서 어떤 쓸모가 있는지, 얼마나 오래 지속될 수 있는지, 어떤 요소들로 만들어져 있는지, 누가 그것을 소유할 수 있는지, 심지어 누가 그것을 줄 수 있고 빼앗을 수 있는지 알 수 있을까?

10.

거미는 자신이 쫓던 파리를 잡았을 때 크게 기뻐하고, 토끼를 잡은 사람이나 그물로 물고기를 잡은 사람도 스스로 만족한다. 멧돼지나 곰을 사냥한 사람도 마찬가지다. 최근 사르마타이*Sarmatai*족이나 북방 민족을 물리친 이들은 자신들의 용맹한 행위에 자부심을 느끼며 자랑해도 좋을 것이다. 그런데 이 불굴의 병사들과 전쟁 용사들은 어떤 생각과 철학을 가지고 그렇게 했을까? 그들은 대체로 먹잇감을 쫓는 행위에 몰두했을 뿐이다.

11.

모든 것이 변화하는 원리를 분명히 이해하고 그것을 스스로에게 납득시킬 생각의 방식을 규정해 두라. 그것을 항상 마음에 새기고 충분히 연마하라. 진정한 관용과 고결함을 함양하는 데 있어 가장 효과적인 방법이 그것이다.

12.

그는 신체의 속박을 벗어던지고 세상과 작별할 때 모든 것을 두고 떠나야 한다는 사실을 알고 있다. 그래서 어떤 행위에 있어서도 정의를 따랐고, 어떤 일에 있어서도 자연의 섭리에 부합하는 일에 온전히 투신했다. 그는 두 가지에 자신을 의탁했는데, 모든 일을 공정하게 수행하는 태도와, 신이 부여한 것을 기꺼이 받아들이는 마음이었다. 그리고 다른 사람이 자신에 대해 어떻게 생각하든, 자신에게 무슨 말을 하고 어떤 행동을 하든 전혀 신경 쓰지 않았다. 그는 오직 정의와 이성이 이끄는 길로 나아갔으며, 그렇게 하여 신을 따르는 것을 삶의 유일한 목표로 삼았다. 그것은 그의 유일한 일이자 직무가 되었다.

13.

무엇을 의심해야 하는가? 왜 미래에 대한 불안과 의심이 너의 마음을 괴롭히는가? 지금 해야 할 일을 알고 있다면 그 이상 무엇을 걱정해야 할까? 네가 만일 그 일을 스스로 잘 이해하고 있다면 누구도 너를 방해하지 못할 것이다. 하지만 그 일을 잘 이해하지 못하고 있다면 행동을 잠시 미루고 가장 현명한 사람에게 조언을 구하라. 만일 무언가 너를 방해한다고 해도 현재의 상황과 기회를 분별하고 지혜롭게 대처하라. 가장 옳고 의롭다고 여기는 것을 지표로 삼아라. 그 일을 정확히 실행하고 계획을 성취하는 것이야말로 진정한 행복일 수 있다. 우리가 진정으로 실패하거나 잘못될 수 있는 것은 바로 그 지점이기 때문이다.

14.

느리면서도 빠른 것은 무엇이고, 즐거우면서도 고통스러운 것은 무엇인가? 모든 일에 있어서 이성을 길잡이 삼아 실행하는 사람은 그것을 안다.

15.

아침에 일어나서 감정이나 사물이 너를 어지럽히기 전에 가장 자유롭고 편견 없는 마음으로 스스로에게 물어

보라. 바르고 정의로운 일이 이루어진다면 그것이 네가 한 일인지, 네가 할 수 없어 다른 이가 한 일인지가 중요한지 말이다. 분명 그것은 중요하지 않다. 다른 사람의 칭찬이나 비난에 얽매이는 자들이 누구인지 생각해 보았는가? 그들이 침대에서는 어떤 모습이고, 식탁에서는 어떤 모습이며, 평소 행동은 어떠했는지, 인생에서 추구하는 것과 회피하는 것이 무엇인지, 손과 발로는 아니더라도 그보다 중요한 자신의 마음으로 도둑질과 약탈을 저지르는 사람은 아닌지 말이다. 이러한 질문에 답할 수 있다면 믿음과 겸손, 진실, 정의 그리고 선한 정신이 네 마음에 가득할 것이다.

16.

정말로 잘 배우고 겸손한 사람은 이렇게 말한다. "주시는 대로 받고 거두시는 대로 드리리." 그는 이 말을 단호한 결기로 말하는 것이 아니라, 진심 어린 사랑과 겸손과 양보의 마음으로 하는 것이다.

17.

세상 속에서 세속적인 일을 할 때는 마치 황량한 언덕 위에서 홀로 살아가듯 무심하게 살아라. 이곳이든 저곳이든 세상이 하나의 마을과 같다면 거주지는 그다지 중요하지 않을 것이다. 진정한 인간의 본성에 따라 살아가는 한 사람의 진실한 모습을 타인에게 보여 주라. 그들이 나를 견딜 수 없다면 나를 죽이도록 두어라. 그들이 원하는 방식으로 사느니 차라리 죽는 것이 나을 수 있다.

18.

훌륭한 사람의 성격과 품성에 대해 이야기하는 것은 이제 그만 그치고, 실제로 그러한 사람이 되도록 노력하라.

19.

언제나 자기 자신을 응시하라. 세상에 드러나는 시대와 시간, 그리고 그 모든 것의 본질을 너의 앞에 그려 보라. 그 섭리 가운데 개별적인 모든 것은 본질적으로 극히 작은 씨앗과 같으며, 사발 안에서 구슬이 구르는 잠시의 시간과도 같다. 그 다음에는 세상의 모든 개별적인 것을 주의 깊게 바라보고, 그것이 실제로 변화와 해체의 과정에 놓여 있음을 직시하라. 분산이든 부패든, 혹은 그 밖의 어떤 형태든, 세상 모든 것은 각자의 방식으로 죽음을 향해 나아가고 있음을 기억하라.

20.

사람들이 일상에서 행하는 일과 행동을 상상해 보라. 그들이 먹을 때, 잠잘 때, 배설할 때, 욕망을 채울 때를 눈앞에 그려 보라. 그들이 가장 크게 기뻐하거나 화려한 영광 가운데 있을 때를 생각해 보라. 혹은 분노하고 꾸짖으며 높은 직위의 위엄과 권세를 향유하는 모습을 떠올려 보라. 그들이 그 자리에 이르기까지 얼마나 부끄럽고 비굴한 행위들을 했을지, 그리고 얼마 지나지 않아 죽음이 그들을 덮치면 그들의 신체가 어떻게 될지를 상상해 보라.

21.

모든 사람에게 가장 좋은 것은 만물이 공유하는 자연이 각자에게 부여하는 것이며, 그것이 전해지는 때가 바로 가장 좋은 때이다.

22.

시인은 이렇게 쓰곤 한다. 땅이 비를 그리워할 때 영광스러운 하늘도 땅 위로 내리고 싶어 한다고. 두 존재가 서로를 향해 품은 애정이 느껴지는 표현이다. 그렇다면 나는 이렇게 말하고자 한다. 세상은 일어날 모든 일에 대한 애정을 품고 있다고. 세상이여, 너의 사랑에 나의 애정도 품어 주길. 그래서 내가 바라는 것이 네가 바라는 것이 되길. 그렇다면 세상이 사랑한다는 것은 사실이며, 그것은 우리가 흔히 주고받는 이야기들을 통해서도 드러나는데, 이를테면 그리스어 표현을 라틴어로 흉내 내어, 존재하는 것들이 자신의 존재를 '사랑한다'고 말하는 것이 그러하다.

23.

네가 삶을 지속한다면 그것은 네가 오랫동안 삶에 익숙해졌으며 앞으로도 그 삶을 참을 수 있다는 뜻이다. 네가 스스로 삶을 마감한다면 그것은 네가 원한 것이니 네 뜻을 이룬 것이다. 네 삶이 불시에 중단된다면 그것은 네 임무가 마무리되었고, 그로 인한 기쁨을 누릴 수 있다는 뜻이다. 이 셋 중 하나는 반드시 이루어질 것이니, 마음을 편히 가져라.

24.

수많은 철학자들이 그토록 칭송한 고독하고 외딴곳들도 그 자체로는 단지 하나의 장소일 뿐이라는 사실을 명심하라. 마을에 살면서 다른 이들과 교류하는 사람이나, 산꼭대기나 외딴 항구, 혹은 특별히 외진 곳으로 물러난 사람이나 자연은 언제나 같은 존재와 같은 풍경으로 사람을 대한다. 네가 원한다면 어디에 기거하든 플라톤이 철학자에 대해 말한 것을 자신에게 적용할 수 있다. 그는 이렇게 말했다. "그 사람은 마치 언덕 꼭대기 목동의 오두막에 머무는 듯 내밀하고 은밀히 존재한다." 그곳에서 생각에 잠겨 있다가 문득 질문해 보라. 나의 가장 중요한 부분, 다른 모든 것을 다스리는 부분은 어디인가? 지금 그것의 상태는 어떠하며, 나는 그것을 어떻게 사용하고 있는가? 나의 이성은 충분히 발현되고 있는가, 그렇지 못한가? 그것은 자유롭고 독립적인가? 혹시 육체와 너무 밀착되어 있어 몸의 습관과 움직임에 휘둘리고 있지는 않은가?

25.

주인에게서 달아나는 사람은 도망자다. 그런데 법은 우리 모두의 주인이다. 그러므로 법을 저버리는 사람은 도망자다. 그렇다면 과거에 벌어진 일과, 현재 벌어지는 일과, 앞으로 벌어질 일에 대해 슬퍼하거나 화내고 두려워하는 사람도 도망자다. 이 모두는 우주의 주인이고 통치자인 분이 섭리에 의해 정해 둔 일이기 때문이다. 그분이야말로 진정한 의미의 법이며, 모든 것을 주관하고 조정하는 유일한 중재자다. 따라서 슬퍼하거나 화내거나 두려워하는 사람은 모두 도망자일 뿐이다.

26.

사람의 씨앗은 한번 자궁에 들어가면 누구도 그 이상 관여할 수 없다. 이후에는 다른 원인이 이를 이어받아 양육을 시작하고, 시간이 지나면서 아이를 완성한다. 작은 시작에서 놀라운 결과가 나타나지 않는가? 마찬가지로 사람은 식도로 음식을 삼키지만, 한번 내려간 후에는 더 이상 관여하지 못한다. 이후에는 또 다른 원인이 이를 이어받아 음식을 감각과 감정과 생명과 활력으로 전환하고, 육체에 속하는 여러 놀랍고 기이한 일들을 해낸다. 그러므로 우리는 이토록 은밀하게 이루어지고 진행되는 일들을 관찰하고 깊이 생각하는 습관을 가져야 한다. 단순히 하나의 일만이 아니라 그것을 가능하게 하는 힘 또한 관찰해야 한다. 비록 육신의 눈으로 볼 수 없더라도, 오르고 내리는 외적인 현상의 원인을 헤아리듯, 모든 힘을 분명하고 뚜렷하게 살필 수 있어야 한다.

27.

항상 스스로 생각하라. 지금 존재하는 모든 것은 과거에도 지금과 매우 유사한 형태와 방식으로 존재했음을, 그리고 앞으로도 그러할 것임을. 특정 직업이나 특정 부류의 사람과 삶과 사건을 다룬 연극을 떠올려 보라. 직접 경험했거나 고대 역사서를 통해 알게 된 사건들을 떠올려 보라. 하드리아누스의 궁전과 안토니누스 피우스의 궁전과 필리포스와 알렉산더와 크로이소스의 궁전 전체를 떠올려 보라. 그러면 모든 궁전이 비슷한 양식과 형태임을 알게 될 것이다. 그곳에 살았던 이들이 달랐을 뿐이다.

28.

목이 베일 때 울부짖고 몸부림치는 돼지를 떠올려 보라. 세속적인 일로 슬퍼하고 괴로워하는 사람들을 생각해 보라. 혼자 침대에 누워 구차한 필멸의 삶을 한탄하는 이들도 마찬가지다. 기억하라. 오직 이성적인 존재들만이 섭리에 기꺼이, 그리고 자유롭게 순응할 수 있는 권리를 부여받았다는 것을. 하지만 그 섭리에 완전히 순응하는 것은 모든 생명체에게 똑같이 부여된 필연이라는 사실을.

29.

무엇을 하든 그 일을 앞에 두고 고민하고 자문해 보라. 내가 죽음을 슬프게 느끼는 이유는 내가 죽으면 더 이상 이 일을 할 수 없기 때문은 아닌지.

30.

누군가의 잘못에 화가 났다면, 즉시 비슷한 잘못을 저질렀던 너의 과오를 떠올려 보라. 이를테면 너도 부유해지는 것과 쾌락을 즐기는 것과 칭찬과 환호를 받는 일을 행복으로 여긴 적이 있지 않은가? 이런 생각은 화를 가라앉힐 것이다. 특히 동시에 다음과 같은 생각을 할 수 있다면 더욱 그러하다. 그 사람은 자신의 무지와 오류로 그렇게 행동할 수밖에 없었다는 사실 말이다. 그가 그런 생각을 가지고 있는데 어떻게 다른 행동을 할 수 있었겠는가? 그러므로 할 수 있다면, 너는 그가 그렇게 행동하게 된 잘못된 생각을 재고하도록 도울 수 있다.

31.

사티론을 생각할 때 소크라테스와 에우티케스와 휘멘을 떠올리고, 유프라테스를 생각할 때 에우티키온과 실바누스를 떠올려라. 알키프론을 생각할 때 트로파이오포로스를, 크세노폰을 생각할 때 크리톤이나 세베로스를 떠올려라. 그리고 너 자신을 생각할 때 한 시대를 살았던 카이사르를 떠올려라. 이렇게 모든 사람에 대해 그와 직업과 지위가 비슷했던 누군가를 연상해 보라. 그리고 생각해 보라. 그들은 지금 어디에 있는가? 대체 어디에 있는가? 이런 생각을 한다면 세상의 모든 것이 단지 흩어지는 연기와 같거나, 진실로 아무런 가치도 없는 것임을 깨달을 수 있을 것이다. 또한 이런 생각도 해 보라. 한번 변화한 것은 세상이 존재하는 한 다시는 예전과 같아질 수 없다는 사실을. 그렇다면 너의 삶은 얼마나 오래 지속될 수 있을까? 비록 주어진 시간이 짧더라도 덕을 행할 수 있는 너다운 사람이 된다면 어찌 그것으로 충분하지 않겠는가?

32.

네가 그토록 벗어나고 싶어 하는 이 세상은 무엇인가? 그리고 세상의 본질은 무엇인가? 모든 것은 단지 우주의 본성에 따라 세상을 바라보고 생각을 연마하는 대상일 뿐이다. 그러니 인내하라. 강한 위장이 모든 것을 자신의 본성으로 소화시키고 큰불이 모든 것을 불꽃과 빛으로 바꾸듯, 세상 모든 것이 너에게 익숙하고 자연스러운 것으로 변할 때까지.

33.

누구도 너에 대해 '그는 순수하지도, 진실하지도, 솔직하지도, 선하지도 않다.'라고 단언할 수 없게 하라. 만일 그렇게 생각하는 사람이 있다면 그가 잘못 생각하도록 내

버려 두라. 모든 것은 너에게 달려 있다. 너를 순수하지 않고 선하지 않도록 만들 수 있는 사람이 있을까? 그런 사람이 되느니 차라리 삶을 포기하겠다고 결심하라. 진실한 삶을 살지 않는 것은 이성에 부합하지 않는다. 그렇다면 지금 이 순간, 우리는 이성과 지혜에 따라 살기 위해 무엇을 말하고 행해야 하는가? 그것이 무엇이든 이를 말하고 행할 수 있는 힘은 네게 있으니, 무엇으로부터 방해받고 있다는 핑계를 찾지 마라. 쾌락을 찾는 사람들이 쾌락에 만족하지 못하듯, 너 또한 언제나 불평하고 탄식하며 살아갈 것이다. 모든 상황에서 인간의 본성에 부합하는 조화로운 일을 행하는 기쁨을 누리기 전까지 말이다. 너는 네 본성이 허락하는 모든 것을 기쁨으로 여겨야 한다. 그 일을 행할 때는 어떤 장소라도 적합할 것이다. 원통이나 롤러는 자신의 고유한 기능을 따를 뿐 스스로 방향을 정해 움직일 수 없다. 물과 불 등의 자연물이나 감각으로 느끼는 존재들 역시 마찬가지다. 이성을 가지지 않은 것들은 주변의 여건에 의해 작용이 제한되기 때문이다. 하지만 마음과 생각은 고유한 특권을 가진다. 그것은 자신의 본성과 의지에 따라 온갖 장애물들을 뚫고 나가며 뜻을 펼칠 수 있다. 그러므로 너는 너의 마음이 그 모든 것을 뚫고 나아갈 수 있으며, 모든 계획을 실행할 능력을 가졌다는 사실을 기억하

라. 불처럼 위로, 돌처럼 아래로, 혹은 원통처럼 미끄러지듯 말이다. 그 본성에 만족하면 될 뿐 다른 것을 돌아볼 필요는 없다. 너의 마음을 지배하지 못하는 모든 종류의 장애물은 물질에 속한 것이다. 그렇지 않다고 해도 그것은 단지 하나의 생각일 뿐이며, 이성이 해야 할 작용을 회피하고 굴복한 결과이다. 그러한 장애물 자체는 상처를 주거나 해를 끼칠 수 없다. 그렇지 않다면 그것을 대하는 사람은 누구나 전보다 나쁜 존재가 될 것이다. 많은 경우 해로운 것은 그 대상을 더 나빠지게 한다. 하지만 인간은 장애물들을 제대로 활용할 수 있고, 오히려 상황을 개선하여 옳은 길로 나아갈 수 있다. 다음의 일반 법칙을 기억하라. 도시 자체에 해를 끼치지 않는 것은 그 속에 사는 시민에게 해를 끼치지 않으며, 법 자체에 해를 끼치지 않는 것은 도시에도 해를 끼칠 수 없다. 외적인 장애물이나 우발적인 사건들은 법 자체에 해를 끼치지 않으며, 공공질서를 유지하는 정의와 평등의 질서에도 반하지 않는다. 그러므로 그러한 일은 시민과 도시 어느 쪽에도 해를 끼치지 않는다.

34.

광견병에 감염된 개에 물린 사람이 여러 대상을 두려워하듯, 참된 지식과 지혜를 얻은 사람도 마찬가지다. 그는 작고 평범한 것일지라도 보고 읽은 많은 것들에서 깨달음을 얻는다. 그리고 슬픔과 두려움의 영향에서 벗어난다. 다음과 같은 어느 시인의 표현처럼 말이다. '나뭇가지에 바람이 일어 나뭇잎이 떨어지네. 봄이 오면 나무는 다시 싹을 틔우고 새로운 가지를 뻗네. 우리의 삶도 마찬가지여서, 누군가는 세상에 태어나고 누군가는 세상을 떠난다네.' 너의 자녀도 이 나뭇잎과 다르지 않다. 너를 진심으로 칭송하거나 네 말이 지혜롭고 훌륭하다고 찬탄하는 이들은 물론, 너를 비난하고 몰래 험담하고 조롱하는 이들 모두 그러한 나뭇잎에 불과하다. 사후에 너를 칭송할 후대 사람들도 결국은 나뭇잎에 불과하다. 세상의 모든 것이 그러하다. 봄이 오면 싹이 트고 바람이 불면 낙엽이 진다. 그리고 그 자리에 다른 것들이 생겨난다. 모든 것의 공통된 본질에서 유사한 것들이 태어난다. 잠시 존재했다가 사라지는 것은 모두에게 부여된 공통 운명이다. 그렇다면 너는 왜 세상의 것을 그토록 열심히 추구하고, 세상의 것이 영원히 지속되기라도 할 듯 두려워하는가? 시간이 지나면 너의 눈은 감길 것이고, 너를 무덤으로 옮기는 사람도 이내 다른 이들의 애도를 받으며 사라져 갈 것이다.

35.

눈이 좋다는 것은 보아야 할 모든 것을 잘 본다는 뜻이다. 오직 초록색만 보는 눈은 좋은 눈일 수 없다. 마찬가지로 좋은 귀와 좋은 코는 들을 것과 맡을 냄새를 모두 감지해야 하며, 맷돌이 곡식을 가리지 않듯, 좋은 위장은 음식을 가리지 않는다. 같은 원리로, 이해력이 건강하면 어떤 일이 벌어지든 대비할 수 있다. 하지만 "내 자식들이 오래 살았으면 좋겠어!"라고 하거나 "내 일이 만인에게 칭송받았으면 좋겠어!"라고 말하는 것은 초록색만 찾는 눈이나 부드러운 것만 찾는 치아와 같다.

36.

누군가 숨을 거두는 순간에도 방문객의 일부는 그 불행을 기뻐한다. 만일 숨을 거둔 사람이 정말로 덕 있고 지혜로운 사람이라면, 그의 죽음을 기뻐할 자가 없을까? '드디어 이 완고한 스승에게서 벗어나게 됐군. 그가 우리를 심하게 괴롭힌 것은 아니지만 마음속으로는 우리를 못마땅하게 여겼을 거야.' 덕 있는 사람에 대해서 이렇게 말하는 것은 흔한 일이다. 하물며 필부필부匹夫匹婦의 삶에서 우리의 퇴장을 바라고 기뻐할 이들은 얼마나 많을까. 그러므로 네가 죽음을 앞두고 이런 생각을 한다면, 그 선택을 기꺼이 받아들일 수 있을 것이다. '나는 이제 세상을 떠나는구나. 이 세상에서는 내가 그토록 아끼던 친구와 지인들, 내가 그토록 기도하고 참고 배려했던 사람들조차 내가 죽기를 바라고 있어. 내 죽음 이후 전보다 더 편하게 살 수 있겠다고 안도하며 말이야.' 그렇다면 무엇 때문에 세상에 더 오래 머물기를 바라는가? 물론 네가 죽음을 맞이한다고 해서 사람들에게 덜 친절하거나 사람들을 덜 사랑할 필요는 없다. 전처럼 그들을 만나고 친구로 남으며 복을 빌고 너그럽고 따뜻하게 대하면 된다. 그러나 그 행위가 너의 죽음에 미련을 갖게 해서는 안 된다. 쉽고 편하게 죽음을 맞이하는 사람처럼, 몸에서 영혼이 한순간 분리되는 것처럼, 너도 사람들과의 이별을 그렇게 받아들여야 한다. 자연이 우리를 한곳에 모이게 했지만 이제 우리는 제각기 갈 길을 갈 뿐, 나는 친구와 일가를 떠나듯 세상을 하직할 준비가 되어 있다. 이 마음에는 반감도 억울한 마음도 없으며, 오직 자연의 섭리에 순응할 뿐이다.

37.

누군가 어떤 행동을 할 때마다 즉시 스스로에게 물어보라. '이 사람이 그 일을 통해 이루고자 하는 것이 무엇인가?' 그러나 그 과정을 우선 너 자신에게 적용하라. 네가 하는 모든 일을 스스로 신중하게 살펴라.

38.

사람을 움직이고 감정을 요동치게 하는 힘은 본질적으로 외부의 어떤 것이 아니라, 각자의 신념과 마음속에 숨겨진 것임을 기억하라. 그것이 그의 언어이고 삶이며, 사실상 그 사람 자체다. 네 몸은 단지 너를 둘러싼 그릇이나 외피에 불과하니, 그에 부수적으로 달린 여러 복잡한 장구들에 마음이 휘둘리지 않도록 주의하라. 그것들은 단지 목수의 도끼와 같을 뿐이며, 우리와 함께 세상에 던져져 자연스럽게 기능할 뿐이다. 마음을 움직이고 통제하는 내적인 원인이 없다면 그 신체는 아무런 쓸모가 없다. 베틀 짜는 사람에게 북이, 글 쓰는 사람에게 펜이, 마부에게 채찍이 없다면 아무것도 할 수 없는 것과 같은 이치다.

제11권

"온유함은
진실하고 자연스러운 것이다.
꾸미거나 위선적인 것이 아니라면
그것은 결코 무력해지지 않는다."

1.

이성을 가진 영혼의 특성과 특권은 다음과 같다. 영혼은 스스로를 바라볼 수 있고 자신을 보살피고 통제할 수 있으며 원하는 모습을 스스로 이루어 갈 수 있다. 그리하여 자신이 행한 모든 행위의 열매를 스스로 거둔다. 이에 반해 식물이나 나무나 이성 없는 생물들은 실제 열매든 무형의 열매든 자신이 아닌 다른 존재를 위해 결실을 맺는다. 또한 이성을 가진 영혼은 자신의 삶을 언제 어디서 마무리해도, 혹은 매우 빠르거나 늦게 마감해도 여전히 자신의 목적을 달성한다. 이는 역할이 중단되면 무대 전체가 망가지는 무용이나 연극과는 다르다. 이성적인 삶은 일상의 어떤 순간에 멈추더라도 자신의 일을 완전하고 충만하게 완성한다. 그러한 삶을 사는 이들은 이렇게 자족하며 떠날 것이다. '나는 나의 삶을 살았다. 그리고 나에게 속한 모든 것 가운데 부족함은 없었다.' 그러한 사람은 온 세상을 포용하고 그 가운데 있는 허무하고 공허한 외피를 꿰뚫어 보며, 자신의 존재를 무한한 영원으로 확장한다. 그리고 일정한 시간이 지나면 모든 것이 이전의 상태와 장소로 되돌아가는 순환과 회복의 원리를 이해한다. 또한 이러한 사실을 분명히 알고 있는데, 후대 사람도 우리가 보지 못한 새로운 것을 못 볼 것이며, 선대 조상도 우리가 본 것보다 더 많은 것을 본 것은 아니었다는 사실이다. 조금의 지혜를 함양한 40세가 넘은 사람이라면, 현실에서 과거와 미래의 모든 것을 다 본 것처럼 살아간다. 세상 만물은 같은 본질을 가지고 있기 때문이다. 그러므로 이웃을 사랑하고 진실과 겸손을 실천하며, 그러면서도 자신을 소중히 생각하는 것은 인간의 영혼에 어울리는 자연스러운 일이다. 그리고 그것은 법의 속성이기도 하다. 이를 통해 우리는 이성적인 사고와 정의가 동일한 것이라는 사실을 알 수 있으며, 따라서 정의가 이성적인 존재들의 지향점인 것도 알 수 있다.

2.

네가 노래와 선율을 개별적인 음표들로 나누어 자세히 살필 수 있다면, 흥겨운 노래와 춤은 물론 판크라티온(격투기의 일종)처럼 열광하기 쉬운 오락도 무시할 수 있게 된다. '나를 그토록 압도한 것이 고작 이것인가?'라는 생각과 함께 부끄러움에 빠져들 것이다. 판크라티온도 마찬가지여서, 개별적인 동작과 자세를 따로 떼어 생각해 보면 부끄러운 모습일 뿐이다. 덕이나 고귀한 가치를 제외하고 네가 크게 동요되는 것이 있다면 이와 같이 전체를 부분으로 나누어 생각해 보라. 부분을 통해 전체의 허상을 밝혀내라. 이 방법을 너의 삶 전체에도 적용하고 활용해야 한다.

303

3.

필요하다면 지금 당장이라도 소멸과 흩어짐, 혹은 다른 장소나 상태로의 전환을 위해 육체로부터 분리될 준비가 된 이들은 얼마나 복되고 행복한가! 하지만 이러한 준비가 기독교인들의 경우처럼 억압적이거나 감정적 대립에 치중한 완고한 마음이어서는 안 된다. 대신 신중하고 겸허한 판단을 통해 다른 사람들까지 감동시키는 본보기가 되는 마음이어야 한다. 그것은 소란이나 감정의 동요가 없는 수용이어야 한다.

4.

　남을 도운 적 있는가? 그로 인해 이익을 얻은 사람은 나 자신이다. 이러한 생각을 언제나 마음속에 간직하고 결코 잊지 마라. 너의 과업은 무엇인가? 선하게 사는 것이다. 그 과업을 잘 이행하는 방법은 무엇일까? 우주의 본질에 관한 몇 가지 이론과 지식, 그리고 인간 본연의 마음을 품는 것이 그것이다.

5.

　비극은 세상에서 벌어지는 우연과 불확실성을 사람들에게 상기시키기 위해 만들어지고 공연되어 왔다. 그러한 일들은 자연의 운행에 있어서 일반적으로 벌어지는 일이기 때문이다. 어떤 무대 위 사건에 크게 기뻐하고 즐거워한 이들이 현실의 무대에서는 같은 일로 슬퍼하고 고통받는 일이 없도록 하기 위함이기도 하다. 이제 너는 그 모든 일의 끝을 알 수 있다. 심지어 키타이론*Cithaeron*(오이디푸스가 버려졌던 산)을 향해 비통의 탄식을 쏟아 내던 이들도 결국은 자신의 일을 묵묵히 견뎌야 한다는 사실을 깨닫지 않았는가. 실제로 시인들의 작품에도 좋은 말들이 많다. 이를테면 다음 구절을 보라. '만일 신들이 나와 내 두 아이를 외면한다고 해도 거기에는 불가피한 이유가 있을 것이

Marcus Aurelius

니.' 혹은 '사물 자체에 분노하고 격분한들 너에게 도움 되는 일은 없을 것.' 혹은 '삶은 잘 익은 곡식 이삭처럼 수확하는 것이니라.' 같은 적절한 표현들은 많은 작품에서 무수히 발견된다. 비극이 쓰이던 시대가 지나자 고대 희극이 발전했는데, 이 작품들은 인간의 악덕을 자유로이 비판하곤 했다. 자유로운 풍조는 인간의 교만과 오만을 억제하는 데 유익하고 효과적이었다. 이러한 분위기 가운데 디오게네스도 같은 자유를 누렸다. 고대 희극 다음에 등장한 중기 희극이나 신희극은 무엇을 보여 주었는가? '그러한 것들은 모두 사라졌으니, 그대들이여 주의하라.' 등의 메시지에서 보듯, 대체로 정교하고도 있음직한 모방을 통한 삶의 즐거움과 만족을 추구했다. 이 작품들이 훌륭하다는 것은 누구도 부정하지 않지만, 그것의 지향점은 앞에서 말한 것 이상도 이하도 아니었지 않은가?

6.

지금 네가 살아가는 삶은 여느 진실한 철학자의 삶보다 훌륭한가? 그러한 모습이 네 삶에 드러나고 있는가?

7.

나뭇가지가 줄기에서 이탈하면 당연하게도 나무 전체

로부터 절연된다. 마찬가지로 한 사람이 사람들에게서 이탈하면 사회 전체에서 분리된다. 나뭇가지는 외부의 요인에 의해 잘리지만, 타인을 미워하고 멀리하는 사람은 스스로 사회적 연결을 끊는다. 그러면서도 자신이 전체 몸체나 공동체로부터 분리되었다는 사실을 알지 못한다. 하지만 이 지점에 세상의 창조자인 하느님의 자비와 선물이 놓인다. 한번 연결고리를 놓친 이들도 다시 전체의 일부가 될 수 있기 때문이다. 물론 이러한 일이 자주 발생하거나 분리된 이들이 너무 멀리 나아간다면 다시 결합하고 회복하는 일이 더욱 어려워진다. 또한 한번 잘린 가지가 나중에 접붙여진다고 하더라도, 정원사들의 말처럼 처음부터 함께 성장한 가지들과 같지 않을 수 있다.

8.

선한 조화와 사랑 가운데서 나뭇가지들이 어우러지듯 대중과 함께 성장하라. 그러나 너의 가치관에 대해서는 조화로울 필요가 없다. 네가 올바른 행위를 할 때는 이를 반대하는 사람이 있어도 그들이 너의 선한 행위를 방해할 수 없으며, 그 행위를 방해하도록 두어서도 안 된다. 너는 오직 올바른 행위와 판단을 고수해야 한다. 그러나 너를 방해하고 네 일을 못마땅히 여기는 사람에게 진정한 자애로움을 보이는 일도 게을리하지 말아야 한다. 두려움 때문에 자신의 의지를 꺾거나, 자신의 의지만 고수하며 가까운 친구를 저버리는 두 행위 모두 비열하고 소심한 병적 증상일 뿐이다.

9.

어떠한 예술도 인간 본성보다 뛰어날 수는 없다. 예술은 인간 본성의 모방이기 때문이다. 만일 이것이 사실이라면, 모든 본성 가운데 가장 완전하고 보편적인 본성이 예술의 표현보다 부족하다는 것은 불가능한 일이다. 예술은 일반적으로 열등한 것으로 태어나 더 나은 것으로 고양된다. 그렇다면 인간의 본성은 더욱 그러할 것이다. 정의의 첫 번째 근거가 도출되는 지점이 이곳이다. 다른 모든 미덕은 정의라는 토대 위에 존재한다. 하지만 우리 마음과 애정이 세속적인 것에 쉽게 미혹당하고, 방황하고, 불안해할 경우, 정의가 자리 잡을 내면의 공간이 마련되지 못한다.

10.

너를 그토록 힘들게 하는 것들, 그래서 얻으려 하거나 피하려 하는 모든 것들은 스스로 너에게 다가오는 것이 아니다. 오히려 너 자신이 그들에게로 나아가는 것이다. 그러므로 그러한 대상에 대한 너 자신의 생각과 판단을 평온히 놓아두라. 그러면 그 모든 것들이 아무런 소란이나 동요 없이 조용히 멈추어 있다는 것을 알게 될 것이다. 그리고 너는 모든 충동과 회피로부터 벗어날 수 있다.

11.

영혼은 엠페도클레스*Empedocles*가 비유한 것처럼 모든 것이 하나의 형태로 응축된 구球와도 같다. 그것은 탐욕스럽게 촉수를 뻗지 않고, 비굴하게 움츠리지 않고, 좌절하여 주저앉지 않고, 의기소침해지지 않는다. 그 대신 영혼은 온전히 빛으로 타올라 우주의 본성과 자신의 본성을 이해하고 스스로를 응시한다.

12.

누군가 나를 모욕하려 하는가? 그렇다면 그가 그렇게 하는 이유가 무엇인지 스스로 돌아보게 하라. 나는 모욕을 당할 만한 말과 행동을 하지 않도록 주의를 기울일 뿐이다. 누군가 나를 미워하려 하는가? 그렇다면 그가 스스로를 돌아보게 하라. 나는 모든 사람을 친절과 사랑으로 대할 것이며, 나를 미워하는 이도 그의 오류를 깨우치도록 도울 것이다. 하지만 상대를 비난하거나 내 인내심을 과시하는 방식이 아닌, 진실하고 겸허한 태도로 그리할 것이다. 위선이 아니라면 그것은 마치 저 아테네 장군 포키온*Phocion*의 위엄와도 같다. 이 모든 덕목을 내면에 갖추어야 한다. 신들은 외면이 아닌 내면을 주시하며, 모든 분노와 슬픔으로부터 진정으로 자유로운 사람을 원하기 때문이다. 다른 사람이 어떠하든 네가 너 자신의 본성에 어울리는 옳은 일을 하는 한, 그것이 너에게 무슨 해가 될 것인가? 공공의 이익을 위해 무엇이든 하도록 임명된 사람이 우주의 본성에 부합하는 일을 포용하지 않겠는가?

13.

사람들은 서로를 경멸하면서도 서로를 만족시키고자 애쓴다. 그러면서도 세속적인 지위와 권력에 있어 서로를 이기려고 투쟁한다. 그러는 동안 스스로의 본성을 비천하게 만들고 남아 있는 좋은 것을 서로에게 던져 준다.

14.

'난 이제부터 진실하고 겸허하게 살 거야.'라고 선언하는 사람은 얼마나 거짓되고 무지한 사람인가! 오, 그대여. 그것이 무슨 뜻인가? 그런 말이 왜 필요한가? 그러한 모습은 그 자체로 드러날 것이고, 그 사람의 얼굴에 드러날 것이다. 목소리를 울려 퍼지게 하는 것만으로 표정과 마음을 드러낼 수 있어야 한다. 마치 사랑받는 사람이 연인의 얼굴을 보고 그녀의 마음이 어떠한지 금세 알아채는 것처럼 말이다. 정말로 진실하고 겸허한 사람은 온 세상에 대해 그러한 모습이어야 한다. 마치 체취가 퍼지는 것처럼 가까이 있는 사람은 원하든 원치 않든 그 냄새를 맡게 된다. 하지만 진실함을 가장하는 것은 결코 칭찬받을 일이 아니다. 신뢰할 수 없는 우정만큼 부끄러운 것은 없으니, 그러한 기만은 반드시 피해야 한다. 진정으로 선하고 겸허하고 자애로운 마음은 숨길 수 없으며, 앞에서 말한 것처럼 그 사람의 눈과 얼굴 표정에 저절로 드러난다.

310

15.

행복하게 사는 것은 영혼의 내적 힘에 달려 있다. 이것은 본질적으로 나와 무관한 것들을 무심하게 대할 때 가능하다. 이를 위해 우리 영혼은 모든 세속의 대상을 전체적인 관점과 개별적인 관점으로 나누어 바라볼 수 있어야 한다. 어떤 대상도 스스로 의견을 만들지 않고, 우리에게 강요하지 않으며, 단지 외부에 조용히 서 있을 뿐이다. 모든 것은 우리 스스로가 만들어 낸 생각이며, 그것은 이를테면 우리가 스스로의 내면에 인쇄하는 입장문이다. 우리는 각자 가진 힘으로 마음을 단속할 수 있다. 만일 어떤 것이 몰래 틈입하여 마음 한구석에 숨어 있더라도 이를 지워 버릴 수 있다. 또한 기억해야 할 것은 이토록 섬세한 마음은 잠시 동안만 지속되며, 오래 지나지 않아 너의 삶이 끝난다는 사실이다. 그러니 무엇이 너를 방해할 것이며, 이 모든 일을 잘 해내지 못할 이유가 무엇인가? 만일 어떤 것이 본성에 부합한다면 그것을 누리면 되고, 네가 기쁘게 받아들일 만한 것으로 여기면 된다. 그러나 그것이 본성에 반한다면 본성에 부합하는 것을 찾아야 한다. 그것은 너의 명예와 상관없으며, 그것을 찾기 위해 가능한 모든 노력을 기울여야 한다. 누구도 자신의 행복과 선함을 추구하는 일에 있어 비난받아서는 안 된다.

16.

모든 것을 생각할 때 그것이 어디에서 왔고, 무엇으로 구성되어 있고, 장차 어떻게 될 것인지 고려해야 한다. 그것이 변화된다면 이후의 본질이 어떠할지, 혹은 무엇과 같아질지 생각하라. 그리고 그러한 변화가 그 자체에 어떤 해를 입히는 것은 아니라는 사실을 이해하라. 다른 사람의 어리석음이나 악함을 보고 스스로 괴로워하거나 슬퍼하지 않도록 하라. 이렇게 생각해 보라. '내가 이들과 어떤 관계가 있는가?' 그리고 기억하라. 우리 모두는 서로의 선을 위해 태어났다는 사실을. 그런 뒤에는 또 다른 관점에서 생각해 보라. 마치 숫양이 양 떼에서, 황소가 소 떼에서 무리를 이끌듯, 나는 그들의 위에서 그들을 굽어보기 위해 태어났다. 더 높은 차원에서 생각하라. 먼저, 모든 것의 시작이 원자가 아니라면 그보다 더 작은 것은 알 수조차 없으니, 우리는 반드시 우주를 운행하는 어떤 본성이 있다는 것을 인정해야 한다. 만일 그 본성이 존재한다면 모든 열등한 것은 더 나은 것들을 위해 만들어졌고, 더 나은 것들은 서로를 위해 만들어졌을 것이다. 둘째로, 사람들이 식탁에서나 잠자리에서 어떤 모습으로 살아가고 있는지 생각해 보라. 무엇보다 그들이 자신의 의견을 어떻게 수정하도록 강요받는지, 그리고 그들이 그 일을 어떻게 자만심과 자기만족으로 포장하는지 살펴라. 셋째로, 그들이 만일 옳은 일을 하고 있다면 네가 슬퍼할 이유가 없다. 그들이 옳지 않은 일을 하고 있더라도 그것은 그들의 본성이 아닌 무지에 기인한 것이다. 플라톤에 따르면 어떤 영혼도 자발적으로 잘못을 저지르지 않는다. 영혼이 본연의 의무를 다하지 않은 어떤 일도 의지에 따른 것이 아니고, 의지에 반한 결과일 뿐이다. 그러므로 그들은 옳지 않음과 양심 없음과 탐욕과 이웃에 끼치는 해악으로 비난받을 때마다 괴로워한다. 넷째, 너 자신도 잘못을 저지르는 남들과 같은 사람이라는 사실을 기억하라. 비록 네가 어떤 그릇된 행동을 참는다고 해도, 네 안에 그 행동을 범하고자 하는 습관적인 성향이 있을 수 있다. 다만 그것이 두려움이나 평판, 혹은 어리석고 분별없는 행위라는 수치심으로 억제되고 있을 뿐이다. 다섯째, 그들이 죄를 지었는지의 여부를 네가 완전히 이해할 수 없다. 많은 일들이 공적인 정책의 이름으로 이루어지며, 다른 사람의 행동이 온전히 공정한지 판단하기 위해서는 많은 지식이 있어야 한다. 여섯째, 네가 몹시 괴롭고 슬픈 일을 겪는다면 이 사실을 기억하라. 인간의 삶은 한순간에 불과하며, 오래 지나지 않아 우리 모두 무덤 속에 있게 될 것이라는 사실을. 일곱째, 실제로 우리를 괴롭히는 것은 죄와 잘못 그 자체가 아니라, 그것을 저지른 사람의 마음속에 존재하는 생각이다. 그러니 그러한 생각을 버리고, 그것이 괴로운 일이라는 너의 고정관념을 내려놓아라. 그렇게 하면 너의 분노도 사라질 것이다. 그런데 그 분노를 없애는 방법은 무엇일까? 그 분노가 부끄러운 일이 아니라고 스스로를 이성적으로 설득하는 일이다. 만일 부끄러움이 악행의 결과가 아니었다면, 너 또한 본능에 따라 살아가며 수많은 부당한 일을 저지르고, 도둑질하고, 세속의 목표를 이루기 위해 어떤 일이든 실행했을 것이다. 여덟째, 분노와 슬픔을 분출하는 것으로 더욱 많은 일이 뒤따를 수 있다. 실제로 우리가 슬퍼하거나 분노한 결과로 사건 자체보다 훨씬 고통스러운 결과가 초래되기도 했다. 아홉째, 온유함은 진실하고 자연스러운 것이다. 꾸미거나 위선적인 것이 아니라면 그것은 결코 무력해지지 않는다. 매우 악하고 거친 사람이라도 네가 온유와 사랑으로 대한다면, 심지어 해를 끼치려 하는 사람에게 진심을 보이고 좋은 태도로 그를 감화하여 더 나은 길로 인도한다면, 누군들 너를 지속적으로 대적할 수 있을까? 이렇게 말할 수도 있을 것이다. '이보게, 우리는 서로 해치고 괴롭히기 위해 태어난 것이 아니라네. 그것은 나의 손해가 아니라 너의 손해가 될 것이야.' 그리고 그 말이 사실임을

314

충분히 인식시켜라. 심지어 벌들도 서로를 해치지 않으며, 사회를 이루는 어떤 생물도 그렇게 하지 않는다. 그러나 그를 설득할 때 비난하거나 가르치는 태도로 하지 말고, 부드럽고 세심하게 해야 한다. 지식을 과시하거나 듣는 제삼자의 칭송을 얻으려 해서도 안 된다. 설령 그 자리에 다른 사람이 있더라도 당사자만의 언어로 소통해야 한다. 이 아홉 가지 가르침을 뮤즈의 선물처럼 잘 간직하라. 살아 있는 동안 진실로 인간답게 살고자 노력하라. 그렇다고 해서 상대에게 아첨하거나 화내는 일은 모두 경계해야 한다. 양

쪽 모두 평화가 아닌 해악을 부르기 때문이다. 감정에 휩쓸려 화를 내는 것은 인간적인 행동이 아니다. 오직 온유하고 자비로운 태도를 보이는 것만이 인간적이며, 나아가 그것이야말로 남성적인 모습이라는 것을 기억하라. 온유함 속에는 강인함과 힘과 활력과 용기가 있지만, 화와 분노에는 그것이 존재하지 않는다. 감정이 없는 상태에 이를수록 더 큰 힘을 갖게 된다. 슬픔이 나약함에서 비롯되듯, 분노도 마찬가지다. 화내는 사람과 슬퍼하는 사람 모두 상처를 입은 것이며, 겁쟁이처럼 자신의 감정에 굴복한 것이다. 열번째 가르침을 원한다면 뮤즈들을 이끈 지도자인 헤라클레스의 열 번째 선물을 받아들이기 바란다. 세상에 악한 사람이 모두 사라져야 한다고 기대하는 것은 광인의 생각이다. 그것은 불가능하기 때문이다. 또한 세상에 악한 사람이 있다는 것을 받아들이면서도 그들의 악행이 자신에게는 향하지 않기를 바라는 것도 공평성에 어긋난다. 어쩌면 그것은 폭군의 생각일지도 모른다.

17.

생각과 마음은 네 가지 서로 다른 성향이나 기질로 나타날 수 있으며, 이를 알고 자신을 관찰해야 한다. 그 성향을 발견할 때마다 스스로를 다스려야 한다. 첫째는 필요하지 않은 상상이고, 둘째는 자비롭지 못한 마음이고, 셋째는 타인의 노예나 도구로서 말하는 일이니 그처럼 어리석고 무의미한 일은 없다. 넷째는 육체적 욕망에 이끌리고 지배받도록 자신을 방치하는 일로, 스스로에게 더욱 엄격해야 한다.

18.

네 안에 있는 공기와 불의 요소는 형체가 무엇이든 위로 상승하려는 본래적 성질을 억누르고 우주의 질서에 따라 혼합된 육체 내에 머물러 있다. 마찬가지로 네 안에 있는 흙이나 습기의 요소도 아래로 하강하려는 형질을 억누르고 본성에 따라 위로 끌어올려져서 신체를 움직이며 균형을 유지하고 있다. 작은 원소들조차도 이렇게 우주에 순종하며, 본성에 반하는 일이 있어도 인내하며 제자리에 머물다가 때가 되면 마치 후퇴나 철수의 명령이라도 하달받은 듯 흩어진다. 그러므로 너의 이성적인 부분이 우주에 불복하며 자신의 자리를 지키지 않는 것은 얼마나 안타까운 일인가? 요구되는 것은 본성을 거스르는 것이 아닌, 본성에 부합하는 일일 뿐인데도 말이다. 본성에 불복할 때 우리는 완전히 반대 방향으로 떠밀려 공기나 불의 작용처럼 자신의 고유한 요소를 향해 나아가지 못하게 된다. 정의롭지 못하고, 슬픔이나 두려움에 떠밀리는 것은 본질적으로 자연으로부터의 분리일 뿐이다. 또한 신의 섭리로 일어난 일에 마음이 상한다면 그 마음은 자신의 자리를 떠나 있는 것이다. 마음은 고귀하고 경건한 것을 위해 만들어졌으며 이는 모든 일에서 하느님과 그분의 섭리를 겸허하게 받아들이는 태도이기도 하다. 마음은 정의로움을 받아들이기 위해 만들어졌는데, 정의는 사회적 존재인 우리가 반드시 이행해야 할 의무의 일부이다. 이러한 원칙 없이 사람들은 행복한 공동체를 이룰 수 없다. 원칙은 모든 정의로운 행동의 근본이자 원천이 된다.

19.

인생 전체를 통해 이루고자 하는 보편의 목표를 가지지 않은 사람은 결코 한 사람의 생을 완성할 수 없다. 그런데 그것만으로는 충분하지 않으며, 그 보편의 목표가 무엇이어야 하는지에 대해서도 고민해야 한다. 다수의 사람들이 근거 없이 좋다고 여기는 것을 손쉽게 받아들이고 내면화하는 사람은 결코 통일되고 조화로운 개인이 될 수 없다. 오직 공공성과 공동체와 조화를 이루는 일을 실천해야 한다. 요컨대, 공적인 일과 멀고 보편적으로 좋은 일이 아닌 것은 좋다고 여겨서는 안 된다. 마찬가지로 우리가 스스로

설정하는 목표도 공동체적이고 사회적이어야 한다. 자신의
모든 행위와 목표를 그러한 기준에 맞춘다면, 그의 행동은
조화롭고 통일될 것이며, 이를 통해 그는 언제나 일관적인
사람이 될 것이다.

20.

시골 쥐와 도시 쥐의 우화를 기억하라. 그리고 그들이
마주했던 거대한 두려움과 공포를 떠올려 보라.

21.

소크라테스는 사람들이 가지는 보통의 생각과 보통의
의견을 '세상을 뒤덮은 도깨비'라고 불렀다. 코흘리개 아이
를 겁주는 공포 말이다.

22.

라케다이몬*Lacedaemon*(스파르타의 옛 이름) 사람들은 대중 행
사에서 외부 손님을 위해 그늘진 곳에 자리를 마련해 주었
고, 그들 자신은 앉을 자리가 있는 것으로 만족하곤 했다.

23.

소크라테스는 페르디카스*Perdiccas*의 초대에 응하지 않

은 이유를 다음과 같이 말했다. "모든 죽음 가운데 가장 나쁜 종류의 죽음을 맞이하지 않기 위해서였네. 나에게 베풀어진 선행에 보답할 수 없는 죽음 말이네."

24.

에페소스인들의 신비로운 저술에는, 사람은 항상 고대 위인 중 한 인물을 마음에 품고 있어야 한다고 적혀 있다.

25.

피타고라스 학파 사람들이 아침에 일어나 첫 번째로 한 일은 하늘을 바라보는 것이었다. 언제나 변함없이 책무를 수행하는 자신의 존재를 상기하기 위해서였다. 또한 질서 정연함, 깨끗함, 그리고 순수하고 꾸밈없는 소박함을 마음에 새기기 위해서였다. 어떤 별이나 행성도 자신을 덮개로 가리지 않기 때문이다.

26.

아내 크산티페*Xanthippe*가 옷을 들고 나갔기에 어쩔 수 없이 가죽을 두르고 외출한 소크라테스가 어떻게 보였을 지, 그리고 민망히 여겨 존중의 뜻으로 자리를 피한 제자와 동료들에게 그가 무엇을 말했을지 생각해 보라.

27.

글을 쓰거나 읽는 일을 잘하기 위해서는 반드시 배워야 한다. 하물며 우리의 삶은 더욱 그러하다. '너는 감각과 동물적인 욕망에 완전히 묶인 채 태어났다.' 즉 참된 지식과 건전한 이성을 전혀 갖추지 못한 속수무책의 상태로 태어난 것이다.

28.

그들은 덕 자체를 끔찍하고 모욕적인 말로 비난할 것이지만, 내 마음은 내 안에서 미소 지을 뿐이다.

29.

사람들은 무화과 열매를 구할 수 없는 겨울이 되면 더욱 그것을 갈망한다. 아이를 얻기 전에 아이를 갈망하는 마음도 그러하다.

30.

에픽테토스가 말했다. "아이에게 입을 맞추는 아버지는 속으로 이렇게 되뇌어야 한다. '내일 이 아이는 죽을지도 모른다.'라고." 누군가 이 말이 불길하다고 이야기한 듯하다. 그는 이렇게 답했다. "자연스러운 현상을 이야기하는 것은 불길하지 않다네. '포도가 익으면 따야 한다.'는 말은 불길할 것이 없지 않은가." 덜 익은 포도, 잘 익은 포도, 말린 포도, 건포도…… 이 모든 것은 변화하고 변형되는 것의 다른 이름일 뿐, 완전히 없어지는 것이 아니라 아직 존재하지 않는 상태로 이행되는 것이다.

31.

"자유의지는 도둑이나 강도에게 빼앗길 수 없다." 에픽테토스의 말이다. 그는 또한 이런 말도 남겼다. "우리는 타인의 동의를 구하는 구체적인 지혜와 방법을 찾아야 하며, 스스로의 마음이 항상 절제되고 통제되도록 주의 깊게 보살펴야 한다. 마음은 항상 자비로워야 하며, 눈앞에 있는 대상의 진정한 가치를 알아보고 그에 따라 행동해야 한다." 간절한 갈망이 있다면 그것을 전적으로 피해야 하며, 자신의 의지에 의존하는 것에는 거부감을 가져야 한다. 그는 이렇게 말했다. "우리가 다투고 논쟁할 것은 사소한 일상의 문제가 아니다. 대중 속에 매몰될지, 철학의 도움으로 현명하고 분별 있는 삶을 살아갈지에 관한 것이다."

32.

소크라테스는 말했다. "너희는 무엇을 원하는가? 이성

적 존재의 영혼인가, 아니면 비이성적 존재의 영혼인가? 이성적 존재의 영혼입니다. 그렇다면 어떤 영혼을 원하는가? 온전하고 완전한 이성을 가진 영혼인가, 아니면 왜곡되고 타락한 이성을 가진 영혼인가? 온전하고 완전한 이성을 가진 영혼입니다. 그렇다면 너희는 왜 그러한 영혼을 얻기 위해 애쓰지 않는가? 우리는 이미 그러한 영혼을 갖고 있기 때문입니다. 그렇다면 너희는 왜 서로 다투고 논쟁을 벌이고 있는가?"

제12권

MEDITATIONS
MARCUS AURELIUS

"너를 구성하는 것은 세 가지이니,
그것은 몸과 생명과 마음이다.
이 중에서 세 번째 요소인
마음만이 오직 진정으로 네 것이다."

1.

만일 네가 너 자신의 행복을 질투하지 않는다면, 먼 훗날 무엇을 원하든 지금 이 순간에 그것을 소유하고 향유할 수 있다. 과거의 모든 일을 잊고, 미래를 온전히 섭리에 맡기며, 현재의 지향과 생각을 고귀함과 의로움에 둔다면 그것이 가능해진다. 고귀함은 우주의 본성이 너에게 허락한 것이며, 너 또한 거룩한 섭리가 허락한 모든 것을 기꺼이 받아들이도록 만들어졌다. 의로움은 진리를 거리낌 없고 명료하게 말하도록 허락된 것이며, 이를 통해 너는 모든 일을 공정하고 신중하게 행하게 된다. 이 선한 길에 다른 사람의 악행이나 주장, 혹은 목소리가 놓여 너를 방해하지 못하게 하라. 심지어 지나치게 예민해진 육체의 감각조차 너를 방해하지 못하게 하라. 고통받는 것이 있다면 스스로 책임지게 하라. 네가 떠나는 시간을 맞이해야 한다면, 모든 것을 내려놓고 오직 네 마음과 그 안의 신성한 것만 존중하고 그것만을 두려워하라. 삶이 언제 끝날지 두려워하지 말고 자연에 따라 살지 못할 것을 두려워하라. 그때가 되어야만 비로소 너는 진정한 인간이 되어 네가 살아가는 세계에 합당한 존재가 될 것이다. 그제야 비로소 너는 네 고향에서 낯선 이방인으로 머물지 않게 될 것이며, 날마다 벌어지는 예상치 못한 일들에 놀라지 않게 될 것이다. 또한 네 통제 밖의 일들로 불안에 떨지 않게 될 것이다.

2.

신은 모든 물질적 외피와 세속의 불순물을 투과하여 우리의 마음과 생각을 꿰뚫어 보신다. 그분은 단순하고 순수한 지혜로 우리 내면의 가장 순수한 부분을 받으시는데, 그것은 모든 통로와 물길을 거슬러 그분에게서 처음 흘러나온 것과 동일한 것이다. 만일 네가 이것을 이해한다면 너를 둘러싼 온갖 구속을 훌훌 털어 버릴 수 있을 것이다. 자신의 몸과 옷과 거처와 외적인 장식을 신경 쓰지 않는 자는 반드시 깊은 평안과 휴식을 얻게 될 것이다. 너를 구성하는 것은 세 가지이니, 그것은 몸과 생명과 마음이다. 이 중에서 앞의 두 가지는 네 것이니 너는 그것을 돌볼 의무가 있다. 하지만 오직 세 번째 요소인 마음만이 진정으로 네 것이다. 그러므로 다른 사람이 한 말과, 너 자신이 한 말과, 미래에 관한 온갖 괴로운 생각과, 네 몸이나 삶에 관한 일과, 네 의지의 영역을 벗어나는 일과, 일상의 모든 우연과 사건이 초래하는 일들을 마음으로부터 분리할 수 있다면, 너는 외부의 변화와 얽매임에서 벗어나 자유롭고 독립적인 삶을 살아갈 수 있다. 언제나 떠날 준비가 되어 있으며, 자신을 위해 스스로 살아갈 마음을 가지며, 의로운 행동을 하고, 세상일을 받아들이며, 진실을 말하게 될 것이다. 진심으로 말하건대, 공감하는 마음이 끌어들이는 모든 것과 과거와 미래가 끌어들이는 모든 시간을 분리한다면, 그리고 너 자신을 엠페도클레스의 구球처럼 '온전히 둥근' 존재로 만들어 현재를 살아갈 뿐 그 밖의 삶을 생각하지 않는다면, 남은 생을 고통과 혼란 없이 살아갈 수 있을 것이다. 너는 고귀하고 너그러운 마음을 갖게 될 것이며 네 안의 영혼과도 조화롭고 우호적인 관계를 맺을 수 있을 것이다.

327

3.

문득 궁금해지곤 했다. 자기 자신을 가장 사랑하는 이들이 왜 자신보다 다른 사람의 의견을 더 중요하게 여기는지. 만약 어떤 신이나 엄격한 스승이 우리에게 스스로 생각한 것만을 말하라고 명한다면 하루라도 이를 이행할 수 있는 사람은 없을 것이다. 이처럼 우리는 자신의 모습에 대해 자신의 생각보다 타인의 생각을 더욱 두려워한다.

4.

다른 모든 일을 그토록 완벽히 주관하시고 사랑으로 다스리시는 신께서 어떻게 이 한 가지에 대해서는 세심하지 못했는지 이해할 수 없다. 매우 선한 사람이 거룩하게 살고 세상에 봉사하며 신과 수많은 언약을 맺고 친밀히 교감해도, 한번 죽으면 다시는 생명을 입지 못하고 영원히 소멸된다는 사실이 그것이다. 하지만 확실한 것은, 만일 다른 더 좋은 방법이 있었다면 신들은 결코 그렇게 하지 않았을 것이다. 그것이 더 공정하고 자연스러운 일이었다면 우주의 본성도 이를 쉽게 받아들였을 것이다. 하지만 그렇지 않았기 때문에 그것은 최선의 방법이 아니었다는 사실을 확신해야 한다. 이러한 문제를 제기하는 너는 지금 얼마나 자유롭게 신들과 논쟁하고 있는지 생각해 보라. 신들이 최선의 모습으로 공정하고 선하지 않았다면 이러한 문제 제기조차 허락되지 않았을 것이다. 그러므로 신들이 공정하고 선하다면 세상을 창조할 때도 어떤 부당하고 비합리적인 선택도 하지 않았을 것이다.

5.

처음에 절망스럽게 느껴지는 일이라도 스스로 그것을 익숙하게 만들어라. 왼손은 사용하지 않으면 쓸모없는 것처럼 생각되지만, 사용하다 보면 오른손보다 더 강하게 고삐를 쥘 수 있다.

6.

모든 일을 일상에서 수행하는 명상의 대상으로 삼아라. 죽음이 불시에 우리를 찾아올 때 우리의 몸과 영혼은 어떤 모습이어야 할지 생각하라. 이 유한한 삶이 얼마나 짧은지, 이 삶의 이전과 이후의 시간은 얼마나 광대한지 생각하라. 세상의 모든 물질적인 것들이 얼마나 덧없고 연약한지 생각하라. 이 모든 것을 명확히 바라보되, 외부의 치장과 장식을 제거한 있는 그대로를 직시하라. 또한 모든 것이 작용하는 원인을 생각하라. 모든 행동의 올바른 목적과 방향을 생각하라. 본래적으로 고통이 무엇인지, 쾌락이 무엇인지, 죽음이 무엇인지, 명예가 무엇인지 생각하라. 우리에게 평온과 안식을 주는 주체는 우리 자신이며, 누구도 다른 사람에게 평온과 안식을 줄 수 없다는 것을 알아라. 모든 것은 생각과 의견에 불과하다는 사실을 깨달아라. 자신의 원칙을 실천하는 데 있어서 너는 검투사보다 판크라티온 선수처럼 임해야 한다. 검투사는 검을 사용하여 이를 놓치면 끝장이지만, 판크라티온 선수는 손과 발을 동시에 사용하여 자유로운 두 손을 자신의 의지대로 움직이며 가격할 수 있다.

7.

세상의 모든 것을 바라보고 생각하되, 그것을 물질과 형식으로 나누어 보고, 또한 그것의 목적과 결말을 생각해 보라.

8.

특권을 부여받은 인간은 얼마나 행복한 존재인가! 하느님이 승인하신 것만 행하면 되고, 하느님이 보내신 것은 무엇이든 받아들이기만 하면 되기 때문이다.

9.

자연의 일반적인 운행과 그 결과로 벌어지는 모든 사건에 대해 신들을 탓할 수는 없다. 신들이 고의로든 실수로든 잘못을 저지를 가능성은 없기 때문이다. 그렇다고 해서 사람들을 탓할 수도 없다. 그들이 저지르는 잘못은 무지로 인한 의도치 않은 결과이기 때문이다. 그러므로 우리는 누구도 비난해서는 안 된다.

10.

자연의 일반 원칙이 작용하는 이 생에 벌어지는 일들에 놀라는 사람은 얼마나 어리석고도 이상한가!

11.

운명은 결코 피할 수 없는 필연의 법칙, 유연하고 자애로운 섭리, 아무런 질서나 통제가 없는 혼돈일 뿐이다. 만일 운명이 결코 피할 수 없는 필연의 법칙이라면 왜 거기에 저항하려 하는가? 만일 그것이 유연하고 자애로운 섭리라면 신의 도움과 관여를 얻을 자격을 갖추어라. 만일 모든 것이 질서와 통제가 없는 혼돈일 뿐이라면, 그러한 보편의 혼돈 속에서도 네가 이성의 능력을 가지고 자신의 삶과 행위를 통제할 수 있다는 사실에 기뻐하라. 만일 네가 홍수에 쓸려 간다고 해도 그것은 네 몸과 생명과 그와 관련된 어떤 것이 쓸려 가는 것일 뿐, 네 생각과 마음이 쓸려 가는 것은 아니다. 꺼지기 전까지 여전히 밝게 빛나는 촛불처럼, 네가 존재하는 동안 타오르는 네 안의 정의와 진리와 절제를 누가 꺼뜨릴 수 있겠는가.

12.

누군가 죄를 지었다고 생각된다면 이렇게 자문해 보라. '그것이 정말로 죄인지 내가 알 수 있을까? 겉으로만 그렇게 보일 수도 있지 않을까?' 그런데 만일 그것이 죄였다면 이렇게 생각하라. '그가 이미 자책하고 있지 않겠는가?' 범죄는 자신의 얼굴을 할퀴고 찢는 행위와도 같으니, 이는 분노가 아닌 연민의 대상이 되어야 한다. 악한 자가 순결하기를 바라는 것은, 무화과에 수분이 없기를 바라거나, 어린아이가 울지 않기를 바라거나, 말이 씩씩대지 않기를 바라거나, 자연의 필연적인 이치가 이행되지 않기를 바라는 일과 같다. 그러한 습성을 가진 사람이 무엇을 할 수 있겠는가? 만일 네가 말솜씨가 좋고 특별한 수단이 있다면 그 사람을 옳은 길로 인도하면 된다.

13.

옳지 않으면 행하지 마라. 진실이 아니라면 말하지 마라. 너 자신의 계획과 결의를 모든 강요와 필연으로부터 자유롭게 놓아주라.

14.

너에게 나타나는 모든 일에 대해 그것의 진정한 의미가 무엇인지 생각하고, 그것을 물건 분해하듯 풀어서 분석하라. 그것이 형식적인 것인지 물질적인 것인지 구분하고, 진정한 목적과 용도가 무엇인지 생각하고, 그 일이 벌어지고 이루어진 적절한 시간을 나누어 살펴보라.

333

15.

이제는 네 안에 있는 어떤 존재가 너의 감정은 물론 감각적인 욕망과 애착보다 고귀하고 신성하다는 사실을 이해할 때가 되었다. 지금 네 마음에 있는 것은 무엇인가? 두려움인가, 의심인가, 욕망인가, 아니면 이와 유사한 어떤 것인가? 확실한 목적 없이 성급하게 움직이지 않도록 하라. 네가 가장 먼저 신경 써야 할 일이 그것이다. 다음으로 중요한 것은 공익을 추구하는 일이다. 아! 잠시 후 너는 더 이상 존재하지 않을 것이기 때문이다. 지금 네가 보고 있

는 것들과 살아 있는 사람 중 어떤 것도 더 이상 존재하지
않을 것이다. 모든 것은 본래의 이치에 따라 쉽게 변화하
고 움직이고 부패하여, 다른 것들이 그 자리를 대신하도록
정해졌기 때문이다.

16.

모든 것은 단지 주장일 뿐이며, 모든 주장은 마음의 결
과임을 기억하라. 주장을 버리면 아늑한 항구에 정박한 배
처럼 그 즉시 평안을 찾을 것이며 모든 일이 안전하고 편
안하게 이루어질 것이다. 시인의 표현을 빌리자면 그곳은
비바람과 폭풍우가 닿지 않는 잔잔한 포구가 될 것이다.

17.

어떤 작용도 잠시 멈춘다고 해서 나쁜 것이 아니며, 끝
났다고 해서 고난이 찾아오지도 않는다. 우리도 마찬가지
여서 어떤 일이 끝났다고 해서 나쁜 일을 당했다고 말할
수 없다. 우리의 모든 행위와 삶이 일정한 시간을 통과한
뒤 종착역에 도달했다고 해서 우리가 악을 겪는 것이 아니
고, 그 지속된 행위가 마감됐다고 해서 그 사람이 잘못을
저지른 것도 아니다. 그 시간이나 기간은 자연이 결정한다.
그 결정은 때로 개인에 내재된 자연에 의해 이루어지는데,

예를 들어 사람이 나이 들어 죽을 때가 그러하다. 하지만 결국에는 보편의 자연법칙을 따르게 된다. 그러므로 자연의 부분들이 제각기 변해도 자연 전체는 여전히 새롭고 신선하게 유지되며, 전체의 이익을 위한 것은 언제나 가장 유익한 선이 된다. 이런 관점에서 죽음 자체는 특정 개인에게 해로운 것이 아니다. 죽음은 부끄러운 일이 아니기 때문이다. 죽음은 우리의 의지와 무관하지만 공동의 이익에 반하지 않는다. 전체의 관점에서 죽음은 전체의 이익을 위한 것이자 적절한 시기를 위한 일이기 때문이다. 그러므로 죽음은 좋은 것일 수밖에 없으며, 고귀한 섭리가 제시하는 명령과 계획에 따라 우리에게 주어질 뿐이다. 모든 일에 있어서 자신의 이성을 신성한 명령으로 여겨라. 이성의 의지를 신성한 섭리의 이름으로 실행하는 사람은 신과 동행하여 신의 대리인으로 행위하는 사람이라고 할 수 있다. 이런 사람은 진정으로 신성하게 이끌리고 영감받은 $θεοφόρητος$ 사람이라고 할 수 있다.

18.

언제나 준비돼 있어야 할 세 가지 덕목이 있다. 첫째, 네 행동을 살펴라. 아무런 목적 없이 행동하거나 정의와 공의에 어긋나는 일을 하고 있지 않은지 점검하라. 둘째, 세상에서 벌어진 일들은 우연히 발생한 것이든 섭리가 이루어진 것이든 이유 없이 비난해서는 안 된다. 우리 몸이 온전히 형성되지 않았을 때부터 주어진 생명이 수명을 다할 때까지의 노정을 생각해 보라. 그 삶이 무엇으로 이루어져 있는지, 그리고 결국은 무엇으로 돌아가는지 말이다. 셋째, 높은 곳에서 아래를 내려다보듯 세상을 굽어보라. 모든 것이 얼마나 덧없고 변하기 쉬운지 깨닫게 될 것이다. 또한 하늘과 우주의 무한한 크기와 모양을 생각해 보라. 세상은 같은 것들의 반복이며, 그 지속 시간은 짧다는 것을 알게 될 것이다. 그리고 돌아보라. 우리가 그토록 자랑하고 뽐내는 것들이 바로 이러한 것들이다.

19.

주장을 버리면 너는 평안해질 것이다. 그런데 그러지 못하는 이유는 무엇인가? 어떤 일을 괴로워할 때, 모든 일이 우주의 본성에 따라 일어난다는 사실을 잊은 것인가? 그 고통은 오직 잘못한 사람에게 찾아온다는 사실을 잊은 것인가? 또한 그 일은 이 세상에서 항상 일어나던 일이고, 앞으로도 계속 벌어질 일이며, 지금도 어디에선가 벌어지고 있는 일이라는 사실을 잊은 것인가? 모든 인간은 혈연이나 씨앗이 아니라 같은 마음으로 깊이 연결되어 있다는 사실을 기억하라. 우리 모두 그 마음의 신성함을 공유하며 갈라져 나왔다는 사실을 잊은 것인가? 세상의 어떤 것도 자신의 것이라고 할 수 없다는 것, 심지어 자신의 몸과 자신의 삶과 자신의 자식조차 자신의 것이 아니라는 사실을 기억하라. 모든 것은 그것을 주시는 하느님에게서 비롯되며, 지금 이 순간 외에 진정으로 살아갈 시간은 별도로 존재하지 않는다. 그러므로 누구든 죽을 때 잃는 것은 한순간이다.

20.

어떤 이유에서든 한때 크게 분노했던 사람들, 최고의 영예나 최악의 비참함을 맛본 사람들, 서로 증오하고 적대하던 사람들, 혹은 여러 운명과 상황 속에 있던 사람들을 떠올려 보라. 그리고 이제 그 모두가 어떻게 되었는지 생각해 보라. 모든 것은 연기처럼 사라졌고, 재가 되었으며, 그저 하나의 이야기로 떠돌 뿐이다. 어쩌면 그 이야기조차 남지 않게 될 것이다. 또한 파비우스 카툴리누스가 시골에서 한 일과, 루시우스 루푸스와 스테르티니우스가 바이아(이탈리아의 고도古都)에서 한 일, 티베리우스가 카프리에서 한 일과, 벨리우스 루푸스 같은 이들이 세속의 일들을 열정적으로 추구한 사례를 보라. 그리고 열정을 다 바쳤던 대상이 얼마나 하찮은 것들이었는지 생각해 보라. 어떤 일을 행하든지 절제하며 올바르고 겸허하게 신들을 따르라. 그것만이 철학의 진실에 부합하는 삶이다. 모든 교만 가운데 가장 견디기 어려운 것은 교만하지 않고 자만하지 않는 자신의 모습을 자랑스러워하는 모습이다.

21.

누군가 네게 신들을 어디서 보았으며, 신들의 존재를 어떻게 확신하여 그토록 경건하게 예배하느냐고 묻는다면 이렇게 답하라. 첫째, 신들은 모든 방식으로 모습을 나타낸다고. 둘째, 나 자신도 내 영혼을 본 적은 없지만 내 영혼을 존중하고 소중히 여긴다고. 마찬가지로 내가 매일 경험하는 신들의 섭리와 능력이 다른 이들에게도 미치는 모습을 보면 신들이 존재한다는 것을 확신할 수 있다고. 그래서 나는 신들을 경외한다고 말이다.

22.

인생의 행복은 모든 것의 참된 본질을 온전히 이해하는 데 있다. 우리는 어떤 대상이 무엇으로 이루어져 있고, 그것의 진정한 모습이 무엇인지 헤아려야 한다. 또한 마음과 영혼을 다해 언제나 의로운 일을 하고 진실만을 말해야 한다. 그 밖에 또 무엇이 있을까? 선한 행위를 끊임없이 실천하고, 어떤 것에 잠시라도 휘둘리지 않고 네 삶을 살아가면 그뿐이다.

23.

태양의 빛은 하나지만 산과 벽과 수많은 물체들에 가로막힐 수 있다. 세상의 온갖 물질도 하나의 공통된 본질로 만들어졌지만 무수히 많은 각기 다른 몸으로 나뉘어 있다. 영혼도 하나의 공통된 영혼이지만 무수히 많은 개별적인 본질과 성질로 나뉘어 있다. 마찬가지로 생각도 하나의 공통된 생각이지만 수없이 나뉘어 있는 듯 보인다. 우리가 언급한 일반적인 대상들, 즉 감각이나 사물 등은 본래적으로 비이성적이기 때문에 서로 간의 연결점이 없다. 그런데 어떤 존재들은 마음과 이성의 작용을 포함하고 있어 그것을 통해 스스로를 통제한다. 이성적인 본성은 동류의 것들과 연결되고자 하며, 이러한 상호 애착이나 연결성은 보통의 사물들과 달리 가로막히거나 나뉘지 않고 특정한 것들로 제한되지도 않는다.

24.

너는 무엇을 원하는가? 오래 사는 것인가? 무엇을 위해서 그러한가? 감각의 활동을 즐기기 위해서인가, 아니면 욕구를 충족하기 위해서인가? 성장하고 늙어 가기 위함인가? 오랫동안 이야기하고 생각하며 자신과 논리적으로 대화하기를 원하는가? 이 모든 것 가운데 네가 진정으로 열망할 가치 있는 일이 있다고 생각하는가? 만일 이 모든 일이 그 자체로 가치가 없다고 느낀다면, 삶의 마지막으로 나아가라. 그것이야말로 신과 이성을 따르는 길이다. 하지만 죽음을 통해 이러한 것들을 잃게 되었다고 슬퍼하는 것은 신과 이성 모두에 반하는 일이다.

25.

우리에게 주어진 시간은, 무한하고 방대한 우주의 얼마나 작은 부분인지, 그리고 얼마나 빨리 무한한 시간 너머로 사라지는지 생각해 보라. 공통의 물질과 영혼 중에서 우리에게 주어진 것은 또 얼마나 작은 부분인지, 지구 전체에서 작은 흙덩이를 기어가는 우리는 얼마나 미약한 존재인지 생각해 보라. 이에 대해 숙고했다면 세상의 다른 어떤 것도 중요하게 여기지 말고, 오직 네 본성이 부여하는 일을 하고, 네 본성이 요구하는 행위를 실천하라.

26.

나는 지금 무슨 생각을 하고 있는가? 나에게 중요한 문제는 내 생각에 담겨 있다. 다른 일들은 내 의지 범위 밖에 있을 뿐이며, 만일 어떤 것이 내 의지 범위 밖에 있다면, 그것은 나에게 죽은 것과 같고 흩어지는 연기와도 같다.

27.

죽음을 두렵지 않게 여기고자 한다면 다음의 사실들을 아는 것이 도움이 될 것이다. 쾌락을 행복으로 보고 고통을 불행으로 보았던 필부조차 죽음을 가볍게 여긴 경우가 많았다. 그렇다면 자연의 이치에 순응하며 올바른 것이 선이라고 생각하는 이들이 죽음을 두려워할까? 그의 행위가 대체로 선에 속했으니 그에게 죽음은 문제 되지 않을 것이다. 심지어 세상의 사물들이 어떤 모습인지, 오래 지속되는지, 짧게 끝나는지 등 모든 일에 무관심한 사람이 죽음을 두려워할까? 오, 그대여! 너는 세상이라는 거대한 도시의 시민이었고, 그곳에서 사람들과 어울려 지냈다. 그 세월이 오랜 여정이었어도 그것이 무슨 의미가 있을까? 너는 도시의 법과 질서를 준수하며 살았고 이는 자부심을 느낄 법한 일이다. 그렇다면 너는 왜 괴로워하는가? 너를 이 세상에 데려온 것은 폭군이나 불의한 재판관이 아닌, 바로 너의 본성이고 이제 그 본성이 너를 거두어 갈 뿐인데 그것을 왜 슬퍼하는가? 인간의 죽음이란 무대 연기를 끝마친 배우를 감독관이 불러들이는 일과도 같다. 너는 연극이 아직 끝나지 않았다고, 이제 막 3막까지 연기했을 뿐이라고 주장할지도 모른다. 네 말이 옳다. 하지만 삶이라는 연극은 3막이면 충분하다. 각 인물의 연기를 끝낼지 정하는 것은 처음 네 생명을 만든 존재이자 지금 네 삶을 마무리 짓는 원인인 그분의 몫이니, 네가 그 일에 관여할 필요는 없다. 그러니 그대여, 기꺼이 만족하고 떠나라. 너를 떠나게 하시는 그분도 충분히 만족하고 계시니 말이다.

옮긴이 노윤기

건국대학교 철학과를 졸업하고 바른번역 회원 번역가로 활동 중이다. 옮긴 책으로 『군중의 망상』『자유, 치유할 수 없는 질병』『장미의 문화사』『앤지 포스테코글루 레볼루션』『이 진리가 당신에게 닿기를』『랄프 왈도 에머슨 성공의 법칙』『에픽테토스, 나를 위해 살지 않으면 남을 위해 살게 된다』『지구가 평평하다고 믿는 사람과 즐겁고 생산적인 대화를 나누는 법』『단순한 삶의 철학』『옥스퍼드 튜토리얼』『남자의 미래』『구글은 어떻게 여성을 차별하는가』 등이 있다.

황제의 철학서

초판 1쇄 발행 2025년 6월 12일

지은이 마르쿠스 아우렐리우스
옮긴이 노윤기
펴낸이 김선준

편집이사 서선행
책임편집 이은애 **편집4팀** 송병규
디자인 엄재선
마케팅팀 권두리, 이진규, 신동빈
홍보팀 조아란, 장태수, 이은정, 권희, 박미정, 조문정, 이건희, 박지훈, 송수연, 김수빈
경영관리 송현주, 윤이경, 임해랑, 정수연

펴낸곳 페이지2북스
출판등록 2019년 4월 25일 제 2019-000129호
주소 서울시 영등포구 여의대로 108 파크원타워1, 28층
전화 070)4203-7755 **팩스** 070)4170-4865
이메일 page2books@naver.com
종이 월드페이퍼 **출력·인쇄·후가공** 더블비 **제본** 책공감

ISBN 979-11-6985-140-4 (03100)